나라가
와
이 꼬라지가
됐노‸

나라가 와 이 꼬라지가 됐노?

발 행 일 2019년 10월 03일 초판 1쇄 발행

지 은 이 김규덕(金圭德)
발 행 인 이헌숙
윤문/교정 김건아
디 자 인 김학용
발 행 처 주)휴먼컬처아리랑
　　　　　경기 양평군 옥천면 용천로 37
전　　화 070-8866-2220
전자우편 thethinkbook@naver.com
등록번호 132-81-87282

www.휴먼컬처아리랑.kr
ⓒ 나라가 와 이 꼬라지가 됐노? 2019, Printed in Korea
ISBN 979-11-5967-986-5 03330

• 본 책은 저작자의 지적 재산으로서 무단 전재와 복제를 금합니다.
• 잘못 만들어진 책은 판매처에서 교환해드립니다.

나라가 와 이 꼬라지가 됐노

김규덕 지음

서문

지금 이 시간에도
온 나라가 들썩 거린다.

문재인 대통령의 실정(失政)에 실망한 국민들의 아우성...
조국 법무부 장관 임명과 관련된 수많은 의심과 실망,
우리나라 대학과 대학교수들의 적나라(赤裸裸)한 모습들
일그러진 부모들의 자화상...
"평등과 공정", "정의와 공평" 그리고 "인권" 등 이루 말할 수 없을 만큼 많은 말과 글들이 우리를 속이고 있었다.

아니 그 말과 글들이 우리를 속이고 있었던 것이 아니라 그런 말과 글을 사용하면서 유식한 체 거들먹거린 족속(族屬)들이 우리를 속이고 있었다.

인간은 자기 자신의 이익에 반하는 행위를 거의 하지 않는다.
인간은 타인의 이익을 위해 자신의 이익을 포기하지 않는다.
우리가 사용하는 언어는 의사교환수단으로서는 절대적으로 필요하다.

그러나 그런 말과 글들은 우리가 표하려는 것을 적확하게 전하는 데는 극명한 한계를 가진다.
관념적이고 추상적인 말과 글은 개념조차 명확하지 않다.
그런데도 어리석은 인간들은 그런 말과 글이 이상적이고 고상한 것이라 착각하고 있었다.
이제는 우리 국민들이 정신 바짝 차려 그런 종류의 모리배(謀利輩)들이 감히 우리를 감언이설로 속이려 들지 못하게 해야 한다.

국민들이 정치를 배워야 한다.
국민들이 경제를 배워야 한다.
우리 삶의 곳곳에 영향을 미치는 정치와 경제를 배우지 않고는 잘잘못을 따질 수 없다.

당 내분과 실정으로 정권을 좌파정당에 넘겨주었으면서도 반성의 기미를 보이기는커녕 아직도 정신을 차리지 못하고 제 잇속만 챙기려 혈안이 되어 있는 정치모리배들에게 속고 있었다.
얼굴에 몇 겹 두꺼운 철판을 깔았는지 어제 한 말 다르고 오늘 하는 말이 다른 또 다른 정치 모리배들이 우리를 속이고 있었다.
수많은 사람들이 문재인 정권의 실정(失政)에 대해서는 말을 많이 하지만 우리나라가 왜 이 지경이 되었는지 그 원인에 대해 말하는 사람은 거의 없다.

나는 이 책에서 지난날을 되새겨 보고 앞으로 우리가 나아갈 방향에 대해 깊이 고뇌해볼 수 있게끔 단초를 마련해보려 한다.

과거 없는 현재 없고, 현재 없는 미래 없다.
과거와 현재 그리고 미래를 넘나들어봐야 우리가 나아가야할 방향이 명확해진다.
방향을 옳게 잡았다면, 앞으로 나아가는 동안 발생하는 모든 것들은 즐기면서 대처하면 된다.

곤지암 글방에서
2019. 한가위에

목차

서문 _4

1 실망과 좌절 _11

2 해방과 분단 _21

3 우리의 지도자들 _27

4 결론 _129

133_ **외국의 지도자는?** 5

149_ **민족 도약의 길** 6

255_ **우리가 꼭 해야 할 일들** 7

267_ **결론은?** 8

1
실망과 좌절

한산섬 달 밝은 밤에 수루(戍樓)에 홀로 앉아
긴 칼 옆에 차고 깊은 시름하는 중에
어디선가 일성호가(一聲胡笳)는 나의 애를 끊나니

이순신(李舜臣) 장군이 임진왜란 당시에 읊은 시조다. 나이가 늘어 새삼 이 시조를 읊어보니 이순신 장군의 애절한 심정이 절절히 느껴져 눈물을 감추지 못 하겠다.

전쟁에 직접 참가하지 않은 신료들의 중상모략으로 나락으로 떨어졌다 다시 전장에 복귀해서 올린 장궤에 담긴 글.
"아직 신(臣)에게는 열두 척의 배가 있습니다."
마지막 전투에서 적의 총탄을 맞고 쓰러져서 하신 마지막 말씀…
"나의 죽음을 적에게 알리지 마라."
우리에게도 이리 훌륭한 선조가 있었다.
임진왜란과 정유재란이 1592~1598년

가노라 삼각산아
다시보자 한강수야
고국산천을 떠나고자 하랴마는
시절이 하 수상(殊常)하니
올 동 말 동 하여라

병자호란 당시 끝까지 청나라와 싸울 것을 주장하다 인조가 삼전도에서 항복해버린 후 청나라로 볼모로 잡혀가며 김상헌(金尙憲 1570~1652) 선생이 읊은 시조도 갑자기 생각난다.
나라를 잃고 산 설고 물 선 이국땅으로 볼모가 되어 떠나야 하는 애절하고 절절한 그 심정이 느껴지는 시조다.
"시절이 하 수상하니 올 동 말 동 하여라."
자신의 생사여부와 귀환에 대해서도 확신하지 못하고 떠나는 그 심정이 어땠을까 짐작이라도 할 수 있겠는가?
병자호란은 1636년~1637년

동학란 당시에 불렸던 노래가사도 생각난다.

새야 새야 파랑새야
녹두밭에 앉지 말라
녹두꽃이 떨어지면 청포 장수 울고 간다

철없던 어린 시절, 이 가사가 뭘 의미하는지도 모르면서 불렀던 기억이 새삼스럽다.

나는 1950년에 태어났지만 어린 시절 멋모르고 따라 불렀다.
왠지 모르지만 가사의 느낌이 좋았다.

임진왜란과 병자호란과 같은 큰 전쟁을 불과 40년도 되지 않는 기간에 두 번이나 당해 산천은 황폐화되고 인구는 크게 감소했다.
그렇게 큰일을 당하고도 정신을 차리지 않고 네 탓만 하다 결국 나라가 망했다.

일본은, 우리나라는 고종이 재위하고 있을 당시에 명치유신(1868년)으로 개국을 하였는데 우리나라와는 전혀 다른 길을 걸었다.
명치유신은 하급무사들이 주축이 되어 그야말로 실사구시의 정신으로 나라의 발전을 주도했다.
외국으로 유학을 가거나 기술을 배우러 가도 수박 겉핥기식의 단기간의 견학이나 연수가 아니라 장기적인 교육 훈련을 통해 기술과 지식을 충분히 습득하고자 했다.

그러나 우리는 실질적인 기술이나 학문을 배우려는 의지가 박약했고 귀족들이나 명문세가의 자제들이 주축이 되어 이름 그대로 신사유람단 정도로 생각했을 뿐이다.
그 기간도 짧아 외국의 문물을 접하니 배우거나 익힐 시간적인 여유도 없었을 뿐 아니라 실질적으로 연구하고 탐구하려는 준비가 되어있지 않아 별다른 효과를 얻지 못했다.
별다른 효과를 얻지 못한 것이 아니라 효과를 얻으려는 의지도 없었다는 표현이 더 적절하지 않을까?
사서삼경만 읽은 사람들이라 기술의 필요성에 대해서는 전혀 인식이 없었다.
성리학의 논리에 붙잡혀 사농공상(士農工商)이라는 직업의 귀천을 가리는 뿌리 깊은 사고의 틀에서 벗어나지 못했다.

그렇게 격차가 벌어지다가 불과 30여년 지난 후에 부끄럽게 1910년 8월 경술국치, 굴욕스럽게 일본에 강제 병합되었다.

미국대통령 윌슨의 민족자결주의의 영향을 받아 3.1독립운동이라도 일으킨 것은 대단히 뜻깊은 일이라 할 수 있으나 임진왜란 당시 의병들이 활약했던 것과 같이 지도층이 앞장선 독립운동이 아니라 민초들이 일제의 압제를 견디지 못해 일으킨 독립운동이라 일시적인 현상으로 그쳐버린 것이 참으로 안타까울 따름이다.

일본의 지배를 왜 받게 되었는지 구한말 지도층에 있었던 사람들의 성찰어린 참회는 없었다.

지금도 일본 지식인들이 이렇게 말 한단다.

"위안부 문제나 징용 근로자들 문제를 말하는 한국 사람은 두렵지 않다.

그러나 명치유신의 주역들에 대해 공부하고 연구하는 한국인들은 두렵다."

우리는 멀지만 가까운 이웃운운하면서 일본을 잘 아는 것같이 말하고 행동하지만 실질적으로는 일본을 잘 모른다.

우리나라 사람들은 실리를 챙기는 것보다 명분에만 집착한다.

명나라가 청나라에 멸망당했음에도 불구하고 명나라와의 의리라는 명분에 집착하다 호란을 겪으면서도 소중화사상과 유교사상에 얽매어 있었으니 얼마나 어리석은 사람들인가?

역사상 중국대륙 전체를 한(漢)족이 직접 통치한 세월은 그리 길지 않다.

한(漢)족이 통치한 것을 보면 최초의 제국이라는 진(秦)나라 그리고 한(漢)나라 그다음에는 수(髓)나라와 당(唐)나라 그리고 송(宋)나라와 명(明)나라 정도일 뿐이다.

전국시대나 5호 16국 또 5호10국 시대에는 중국의 전 국토가 통일되지 않았고 요(遼)와 금(金) 서하(西夏)등 한(漢)족이 아닌 다른 이민족이 통치한 기간이 더 길다.

원(元)나라는 몽골족이 통치했고, 청(淸)나라는 만주족이 통치했다.

그런데 소중화 운운하며 중국의 영향에서 벗어나려고 노력하지 않고 도리어 그 속에 안주하려 했으니 얼마나 답답한 일인가?

중국만을 숭상하며 배우려 했지 넓은 세상의 실정과 흐

름을 알아 대처하려고 하지 않았다.

지금도 한일합방에 서명한 학부대신 이완용, 내부대신 이지용, 외부대신 박제순, 군부대신 이 근택 그리고 농상공부대신 권중현을 을사오적이라 욕하고 있다.

과연 을사오적이라 우리가 끝없이 욕하고 있는 그 사람들도 을사조약으로 나라를 빼앗기는 경술국치를 당하고 싶어 당했겠는가?

아니면 그 때 그 자리에 앉아있어 어쩔 수 없이 서명했겠는가?

그 사람들이 아닌 다른 사람들이 그 자리에 앉아있었다면 경술국치를 피할 수 있었을까?

천만의 말씀이다.

우리가 돌발 상황에 대처하는 능력을 기르지 않았고, 내우외환에 철저하게 대비하지 않았기에 발생한 참담한 현실을 특정개인에게 책임 지운다는 것은 눈 가리고 아웅하는 어리석은 짓일 뿐이다.

특정인들에게 책임을 물을 것이 아니라 온 국민이 참회하고 성찰해야 한다.

경술국치 이후, 수많은 애국 열사들과 의사들이 나라 안팎에서 독립운동을 하다 옥고도 치르고 심한경우 생명도 잃었다.
전 재산을 독립운동을 위해 다 바친 경우도 수없이 많다.
그러던 1919년 3월 1일,
온 겨레가 궐기해서 대한독립 만세를 외쳤다.
국내외를 막론하고 전 민족이 독립을 외쳤으나 일제의 무자비한 탄압으로 실패했다.
그러다 근 26년이 지난 1945년에 미국이 일본에 원자폭탄을 투하하고 쏘련이 일본에 선전포고한 후 일본이 항복했다.
1945년 8월 15일 해방.
모든 국민이 거리로 나와 태극기를 들고 환호성을 질렀다.

2
해방과 분단

미국이 일본의 식민지였던 한반도에 진주한 것은 어쩌면 당연한 일일지도 모른다.

왜냐?

그 당시 우리나라는 국체(國體). 즉 정부가 존재하지 않았기에 전쟁 후처리문제에 대해 어떤 역할도 할 수 없었기 때문이나.

오래 전, 노일전쟁 당시에도 일본과 러시아가 한반도 분할통치에 대해 깊이 숙의했다는 사실이 최근에야 밝혀졌다.

한반도 분할통치는 러시아의 부동항확보에 대한 집념과 일본의 대륙진출 교두보 확보차원에서 꼭 필요했으리라 생각된다.

노일전쟁 당시부터 한반도 분할통치에 관해 주변국들은 깊숙하게 논의하고 있었는데도 불구하고 우리는 어떤 대책도 세우지 않았다.

대책을 세우지 않은 것이 아니라 그런 움직임을 감지하지도 못했다는 표현이 적절할 것이다.

미군이 한반도 남부에 진주했다.

쏘련도 보란 듯이 한반도 북부에 진주했다.

미군정이 실시되고 있을 때 발생한 신탁통치 찬반운동과 송진우, 여운형의 암살 그리고 제주 4. 3반란사건 등이 끊임없이 발생하였다.

혼란과 혼란의 연속...

1948년 8월 15일 대한민국 정부가 한반도 남쪽에 수립되었고 북쪽에는 조선민주주의인민공화국이 9월 9일에 수립되었다.

그 후에 여수, 순천 반란사건도 발생했다.

해외에 대한민국 임시정부가 존재했었지만 세계대전의 종전에 아무런 기여를 하지 못했기에 응분의 대접을 받지 못했고 그나마 중국의 장개석 총통에 의지하여 우리의 의견을 간접적으로 겨우 전할 수 있었다.

그렇지만 결국에는 나라가 분단되는 모습을 멍하게 바라볼 수밖에 없었다.

나는 역사학자가 아니기 때문에 역사적인 사실을 고찰하려는 것이 아니다.

지도자들이 서로 협력하거나 협의해서 나라의 안녕을 구한 것이 아니라 개인의 사상이나 이념을 실현해보겠다는 욕심에 붙들려 애국애족이라는 근본이념을 놓친 것이 아닐까?

지금 생각해도 너무나 안타까워 편치 않은 마음에서 이 글을 쓰고 있다.

내가 아니면 나라를 구할 수 없다는 독불장군식 사고방식들이 나라와 국민들을 힘들게 만들었다.

나의 고집을 버리고 진정 나라와 국민을 위하려는 마음만 있었다면 우리나라가 분단되는 최악의 사태는 막을 수 있지 않았을까?
신생독립국으로 주변나라의 협조와 협력이 있다 해도 무에서 유를 창조하듯이 어렵고 힘든 일이었을 텐데 주변과 협력해서 지지와 지원을 받아낼 생각은 없이 내 주장만 하고 내 욕심만 차리는 꼴로 국정을 논할 꼴이 되어 버렸다.
국민들은 얼마나 불안했을까?
우물 안 개구리!
딱 맞는 표현이다.
소중화 귀신이 들어 명나라와 성리학에 붙들려 있으면서도 제가 최고인 양 허세를 부렸으니 말이다.
민중들이 불안했을 것이다.
그래서 그런지 이런 노래가 시중에 떠돌았다.

미국 놈 믿지 말고
쏘련 놈 속지 말라

일본 놈 일어 선다
중국 놈 되 나온다
조선 놈 조심 해라

6.25 사변 당시 영국의 한 종군기자가 했다는 말이 생각난다.
"한국에서 민주주의가 자리 잡는 것은 쓰레기통에서 장미가 꽃 피기를 바라는 것과 같다."

1950년 6월 25일 새벽, 북한이 남침하면서 기나긴 동족상잔의 비극이 시작되었다.
수많은 군인이 죽고 다쳤다.
시민들 역시 수없이 죽고 다쳤다.
우리를 도와주겠다고 참전한 유엔군들 역시 많이 죽고 다쳤다.
도움을 받았음에도 불구하고 고맙고 감사하다는 말을 할 처지도 되지 않았다.
마음의 여유도 없었다.

진정으로 감사한 마음을 표현을 하지 않았다.
참으로 배은망덕한 짓을 했다.
배은망덕한 짓을 하려고 해서 한 것이 아니라 그럴 처지가 되지 못했다.
오래전에 방영된 "그 때를 아십니까?"라는 TV 프로그램을 보면 '참 그땐 우리가 저렇게 살았지!' 하며 새삼스럽게 아련한 상념이 떠올라 쓰라린 가슴을 쥐어짜게 된다.
고향을 떠나 아무 연고도 없는 타향에서 고생 고생한 사람들…
"할로 오케이"
"기브 미 껌"하면서 미 군용차를 뒤따르던 그 때 그 아이들은 어떻게 변했을까 궁금하다.
하루도 편한 날이 없었다.

3
우리의 지도자들

[초대 대통령으로 이승만 박사가 취임했다]

잘한 점도 분명히 있다.
그러나 말년에 맑고 밝은 눈을 잃어버리고 욕심을 부렸다.
미국에서 오래 생활한 탓에 우리나라 실정에 어두웠다.
부인도 외국인이라 나라 실정에 대해서는 어떤 조언도

해줄 수 없었으리라...
우리는 그때 오스트리아와 오스트레일리아도 분간하지 못했다.
결국 악수(惡手)를 두었다.
사사오입 개헌에, 부정선거, 부산 정치파동 등등
수많은 오류와 시행착오가 있었다.
유상몰수 유상분배,
한미동맹결성,
실험용 원자로 도입...
그러나 이 세상에서 유일하게 농지개혁을 성공적으로 마무리한 나라는 대한민국 밖에 없다.
난세에 영웅이 난다했는데 이승만 대통령은 영웅의 기질을 가지고 있지 못 했다.
참으로 안타까운 일이다.
일본의 진주만 습격을 예견했던 그 예지력을 왜 잃어버렸을까?
자신의 앞날을 예견하지 못하고 어리석은 간신들의 농간에 놀아나다 말년에는 하와이로 망명해서 쓸쓸하게 지내다 생을 마감했다.

학생들이 들고 일어났다.
4.19 학생의거!
그래도 이승만 대통령이 마지막으로 했다는 말에 그 분은 나라의 앞날을 생각하시는 마음이 없었던 것은 아니었구나 싶었다.
4.19 당시, 경찰의 무력진압으로 부상당한 학생들을 위문한 자리에서 이승만 대통령이 말했다
"사회정의를 외치는 우리 젊은이들이 있으니 든든하다. 내가 없어도 젊은이들이 있으니 나라를 크게 걱정하지 않아도 되겠다."
그리고 대통령 하야,
김포공항을 통해 미국 하와이로 떠나는 대통령을 향해 모두가 눈물지으며 통곡했다.
독재정권에 항거했던 그 국민들이 모두 울었다.
우리는 참 성이 많은 국민이다.

[그 다음이 의원내각제에서 총리를 맡은 장면 씨, 그리고 대통령을 맡은 윤보선 씨]

짧은 기간 동안 재임했기에 개인적인 능력을 발휘할 시간적 여유가 없었다라고 말할 수 있을 것이다.
그러나 재임기간 중 끊임없는 데모 또 데모, 학생들의 계속된 데모와 밑도 끝도 없는 주장…
"가자 판문점으로!"
두 나라로 완전하게 분단된 지 13년, 6.25가 정전협정이란 말로 끝난 지 겨우 8년.
그동안 북한의 체제가 어떻게 변했는지도 모르고 북한 정치지도자들의 사고는 어떻게 변했을지도 모르는 철없는 학생들이 판문점으로 달려가 직접 담판 하겠다 했으니 정부가 지도력을 완전히 상실했다고 보아도 무방할 것이다.

4.19 학생의거는 지도자가 없어 혼란을 겪을 수밖에 없었다.

프랑스혁명도 지도자가 없이 군중들의 힘으로만 이루어져 혁명 그 이후에 엄청난 혼란을 겼었음을 생각해보라!
지금 생각해도 학생들이 당시 남북 간에 엄연하게 존재한 경제력의 차이를 알고나 있었는지 정말 궁금하다.
그에 더해 여당인 민주당은 신파니 구파니 하며 파벌 싸움을 그치지 않았다.
국민들이 실망했다.
이승만 대통령과 장면 총리 그리고 윤보선 대통령까지 모두 미국과 영국에서 고등 교육을 받은 사람들이다.
대한민국에서 태어나 어느 정도 성장한 이후에 외국문물을 접하고 받아들였다고는 하나 지금까지 살았던 세상과 전혀 다른 세상의 문물을 접했으니 스스로 많은 혼란을 겪지 않았을까 싶다.
자신들이 성인이 된 이후에 보고 듣고 배운 것을 선진화된 국가에서 시행하고 있다고 우리나라에서도 시행해야 한다며 충분한 사전준비도 없이, 아무런 준비도 되어 있지 않은 국민들을 상대로 최고의 서구식 민주주의를 실행하려 한 것이 잘못이라면 잘못 아닐까?

윤보선 대통령이 혁명군에게 했다는 말 그대로 "올 것이 왔다!"
5.16 군사혁명이었다.

[박정희 대통령 취임]

1961년 5.16 군사혁명, 5월 16일 새벽에 혁명공약이 발표되었다.

하나   우리는 반공을 국시의 제일의(第一義)로 삼고
둘   우리는 유엔헌장을 준수하고 국제 협약을 충실히 이행하며
셋   구악을 일소하고
넷   민생고를 시급히 해결해 기아선상에서 해방하고
다섯 공산주의와 대결할 수 있는 실력을 배양하고
여섯 사회가 안정되면 본연의 임무로 복귀한다.

당시 사회분위기는 말 그대로 "올 것이 오고야 말았다!"였다.

정치인들이 국가와 민족의 안녕에는 관심이 하나도 없이 개인적인 입지구축에만 열을 내고 있었으니...

물론 정당은 정권을 잡아 자신들이 신봉하는 사상이나 이념으로 국가를 통치하려는 것이 주된 목적이다.

한 정당으로 뭉쳤으면 국가통치에 전념해야할 텐데, 자기 세력결집에만 몰두하느라 국가통치에는 관심도 가지지 못했으니 국민들이 "올 것이 오고야 말았다!"라고 생각한 것이다.

국민들은 "등 따시고 배부른" 호시절을 기다렸다.

"새 술은 새 부대에!"라고 은연중에 사회가 변하기를 바라고 있었던 것은 아닐까?

내 개인적으로는 아니 우리 가족은 5.16 혁명이 일어난 이후 경제적으로 큰 피해를 입었다.

나의 아버지께서 비료수입업에 종사하셨는데 5.16 이후 비료수입권이 국가로 귀속되면서 농협으로 이관되었다.

하루아침에 아버지께서 직업을 빼앗기고 직장을 잃어버

렸으니 수입이 끊겨 우리 가족의 경제적 고통도 그때부터 시작되었다.

그러나 나는 한번도 5.16 혁명으로 인해 우리가족이 고통을 받았다는 사실을 가지고 국가나 정부를 원망하지 않았다.

한 개인이나 한 가족의 문제를 모두 감안하며 국정운영을 할 수 있는 게 아니기 때문이란 걸 나는 그때에도 충분히 인식하고 인정했다.

이른바 삼백(三白)산업이라는 설탕과 밀가루 그리고 면방직 산업도 중요하다.

국민들의 생활에 필수적인 물품이기에 삼백산업 자체를 가지고 왈가왈부하는 것은 옳지 않다

다만 이승만 정권시절 미국의 원조물품으로 제품들을 생산할 때, 정부가 정책방향을 잘못 잡아 그 혜택이 모든 국민들에게 골고루 돌아가지 않고 특정 개인 혹은 특정기업인에게 그 이익의 거의 대부분이 돌아가도록 운용했다는 사실은 국민들로부터 지탄받아야 마땅하다고 생각한다.

자조, 근면 , 자립을 강조하면서 동네의 도랑청소나 무너

진 축담을 쌓는 일을 하면 밀가루를 배급하여 주었었다.
입에서 밀가루 냄새가 난다고 할 정도로 수제비를 많이 먹었다.
수제비를 너무 많이 먹어 싫증이 나면 막걸리로(아니면 이스트 몇 알 넣어) 발효시켜 빵도 만들어 먹었다.
별미였다!
그나마 경제적으로 약간이라도 여유가 있는 사람들은 밀가루로 국수를 뽑아먹기도 했다.
그것도 일이라고 삽질을 하거나 흙이나 돌 따위를 옮기기라도 하면 밀가루 배급이 나왔다.
그 밀가루 배급받는 재미에 푹 빠져 열심히 돌을 날랐던 기억도 생생하다.
그 당시에는 도박과 음주에 빠져 패가망신하는 사람들이 많았다.
5.16 후에 집중적으로 음주단속을 하고 도박은 더 철저하게 감시 감독했으니 그 병폐가 많이 준 것은 부정할 수 없는 사실이다.
세수확보라는 미명하에 실시된 주세법 때문에 가양주의

전통이 사라진 것은 대단히 아쉬운 일이다.

거의 모든 논들이 천수답이었으니 하늘만 쳐다보고 농사를 짓지 않을 수 없었다.

봄과 여름에는 하늘을 쳐다보는 것이 일상이었다.

하늘이 도와주셨는지 5.16 이듬해부터 한 삼년간 비가 농사짓기에 딱 들어맞게 내렸다.

밤새도록 비가 주룩주룩 내리다 날이 밝으면 하루 종일 햇볕이 쨍쨍,

논농사를 짓는데 최고의 기후조건이었다.

농사가 풍년이 들었다고 신문에 대서특필로 보도하였다.

그래서 군정시절 박정희 장군을 하늘에서 내린 인물이라고 칭송이 대단했던 적도 있었다.

산업화가 거의 이루어지지 않은 상태라 생산할레야 생산할 물건이 없었다.

물품을 생산하기 위한 자재는 물론 기계설비도 절대적으로 모자랐다.

손재주 좋은 한국인의 손으로 할 수 있는 일이 많으면 많을수록 좋았겠지만 기계장비나 자재를 구입할 자금도 거

의 없다시피 했으니 오로지 인력만 있으면 운영할 수 있는 보세산업으로 눈을 돌렸다.
구로공단을 비롯한 많은 산업단지가 전국 여기저기에 조성되었다.
전국의 공단에는 아침저녁으로 근로자들이 큰 도로를 가득 메우며 출, 퇴근했다.
마산수출자유지역에서 본 아침저녁 통근버스를 이용하거나 자전거를 이용해서 출, 퇴근하는 근로자들의 모습을 잊을 수가 없다.

상인들이 동네를 돌아다니며 외쳤다.
"달비 삽니다. 달비~~"
여성들이 머리 빗다 빠진 머리카락을 모아놓은 것을 사러 온 상인들이었다.
돈이 없어 아이들을 굶겨야 할 처지에 있던 어머니들은 머리카락을 잘라 팔아 그 돈으로 먹거리를 챙겨주던 모습이 눈에 선하다.
내 어머니께서도 머리카락을 잘라 팔아 우리 끼니를 챙

겨주시곤 했는데 정신없이 밥을 먹다 옆에서 짧은 머리카락을 만지면서 울고 계시는 모습을 보고 얼마나 억장이 무너졌는지…
지금 생각해도 눈물이 난다.
거의 모든 가정에서 아주머니들이 각종 가내부업으로 푼돈을 벌었다.
그러다 세상 보는 눈이 밝은 사람들이 가정에 기계 한두 대를 장만해놓고 하청받아 생산해서 납품하는 식으로 해서 큰돈을 번 사람들이 한둘 생겼다.
새마을운동에 불이 붙었다.
너도나도 "하면 된다!", "할 수 있다!"는 용기와 자신감으로 똘똘 뭉쳤다.
황폐화된 산림을 복구하기 위해 장작 대신 연탄을 연료로 사용해서 음식조리와 난방에 사용하자는 연료정책을 펼쳤다.
산림복구 작업을 원활하게하기 위해 산림청이 신설되었다.
그러나 새로운 조직을 만들어 운용하겠다는 실무자들의

제안에 불요불급한 부분에 너무 많은 자금이 소용된다고 질책하면서 기본정책은 산림청에서 입안하고, 실무관리는 하부조직이 이미 설치되어 있는 내무부가 맡도록 위임하였다.

각 시도와 동, 면의 조직을 활용하겠다는 굳은 의지의 표명이었다.

각 동리에 있는 이장과 반장 그리고 통장 조직까지 활용해서 산림녹화에 열정을 다 했다.

그야말로 국민 모두가 실사구시 정신으로 무장하였다.

박정희 대통령의 굳은 의지가 없었다면 불가능했을 것이다.

지구상에서 이렇게 단시일 내에 산림녹화 사업을 성공적으로 이뤄낸 나라는 우리 대한민국 밖에 없다.

지금 같으면 법이 이래서 안 되고 저래서 안 된다고 엄청나게 다투었을 것이다.

어디에 내놓아도 자랑할 만한 대단한 업적이다.

스스로 자랑스러워해야 할 일이다.

북한에서는 그 울창하던 산림이 황폐화되어 매년 엄청난

수해를 겪고 있다.

2016년에 처음으로 중국을 방문해 압록강과 두만강 접경을 둘러보았다.

단동에서 북한쪽을 바라보며 긴 한숨을 쉬지 않을 수 없었다.

왜냐?

압록강 건너편 신의주 시가지 모습이 내가 1960년대 초등학교 시절 사회교과서에서 본 모습 그대로인 것을 보고 기가 막혀 말도 나오지 않았다.

우리나라 목재산업의 중심지라고 배웠던 혜산진의 인적조차 뜸한 황량한 모습이 나를 슬프게 했다.

경기도 애기봉에서 바라본 개풍군의 가옥의 모습이 40여 년의 세월이 흘렀음에도 불구하고 하나도 변하지 않았다는 사실에 대해 여러분들은 어떻게 생각하시는지 궁금하다.

압록강과 두만강일대를 둘러본 결과 군부대가 있는 지역 몇몇 곳을 빼고는 거의가 민둥산인 것을 보고 우리나라 6~70년대 초를 보는 것 같아 가슴이 매우 아팠다.

"하면 된다!"는 용기와 자신감으로 무장된 자유민주주의

체제와 시키는 대로 해야 된다는 공산주의 체제의 극명한 차이 아니겠는가?

경북 영일만은 수분이동이 어려운 이암지대인 황폐지라 일제강점기에도 수차례 사방사업을 시도했었으나 다 실패했던 곳이다.

일제조차도 인공조림이 절대로 불가능하다고 포기했었다.

그런데 우리나라 정부 관리들과 기술자들 그리고 마을주민들이 합세하여 그 난관을 극복하고 사방사업을 완공했다.

지금은 아주 울창한 산림이 조성되어 있다는 이야기를 들어 보셨을 것이다.

일본의 사방사업 담당 공무원들이 깜짝 놀랐다는 신문기사를 본 적도 있다.

농민들에게 산림조성에 도움이 되는 비료를 나누어주었더니 뿌리라는 나무에는 비료를 뿌려주지 않고 자신들의 논밭에 다 뿌렸다.

이런 식으로 해서는 실효가 없을 것으로 판단해서 대안으로 비료를 동전형태로 생산하고 또 그 비료가 적어도 이삼년 간 계속해서 형태를 유지하며 서서히 녹도록 제조해서 공급했다.

이삼년간 서서히 녹도록 제조해서 공급했으니 농민들이 논이나 밭에 뿌리고 싶어도 뿌리지 못했다.

논밭에다 그 비료를 뿌리면 몇 년간 증거가 남을 수밖에 없었으니 그럴 수가 없었던 것이다.

그 농약을 배포하여 시비효과를 충분히 거두었다는 이야기도 있다.

한번 시행했다가 실패했다고 중지하거나 좌절하지 않고 새로운 방안을 끝없이 찾아 소기의 목적을 달성하는 그 모습이 바로 우리 민족의 특성이라 생각한다.

처음에는 일본의 산림정책 담당자들이 우리나라 산림정책을 보고 많이 비웃었다고 한다.

경제성이 없는 잡목만 심어 무엇을 얻으려 하는가 하고 말이다.

그러나 지금은 일본에서도 경제림 위주의 산림정책만 펼쳤다가 토양의 산성화와 토양유실 등의 문제로 골치를 앓고 있다고 한다.

수종 갱신사업을 벌여 토양의 산성화와 토양유실을 막으려고 노력하고 있다고 한다.
여기서 내가 말하고 싶은 것은 지시만으로 끝내지 않고 끊임없이 지도하고 관리하고 새로운 방안을 연구해서 실천해야 소기의 성과를 달성할 수 있다는 말이다.
차관을 얻어내기 위해 독일을 방문했다.
아우토반을 경험하고 또 독일지도자들의 조언을 들어 경부고속도로를 개설하려 했을 때 엄청난 반대가 있었다.
국민들 중의 일부도 반대했지만 당시 야당에서는 결사적으로 반대했다.
자금도 부족했다.
그렇다고 박정희 대통령이 정치인들의 반대에 굴복해서 고속도로 개통시기를 늦추었다면 과연 경제개발계획이 순조롭게 진행 될 수 있었을까?
아닐 것이다!
선진제국의 성공과 실패사례에서 배울 것은 배우고 버릴 것은 과감하게 버릴 수 있는 용기야 말로 진정한 용기라 믿는다.

나는 1972년부터 1975년까지 삼년간 군복무를 했다.

내가 군대에 복무하는 동안 군수품을 지급받은 것 중에 신품은 거의 없었다.

신품이라 해야 소모품 정도이지 총기를 비롯한 전투장비는 전무했다.

철모도 탄띠도 국내산은 없었다.

내 기억으로는 소모품이라 해야 군복과 담요정도가 전부가 아니었나 싶다.

야간 사격훈련이라도 하면 사격연습에 집중하기는커녕 사격연습 후 탄피회수에 급급했다.

제대말년에 라이센스로 생산된 M16소총을 개인휴대화기로 유일하게 지급받았다.

6.25 당시에도 사용했던 LMG기관총은 사격을 조금이라도 과하게 한다 싶으면 총열이 과열되어 발사가 되지 않았다.

한동안 쉬며 열을 식히지 않으면 실탄발사가 되지 않으니 총으로서의 기능을 잃어버린 것이나 마찬가지였다.

M1소총은 총신내부의 총열이 닳고 닳아 정조준을 해서

쏴도 탄착점형성이 되지 않을 정도의 고물이었다.

지금 생각해도 아찔하다.

만약 그런 무기로 전쟁을 치렀다면 수많은 병사가 죽음을 맞지 않았을까?

1973년부터 시작한 중공업육성정책은 우리나라 경제체질을 송두리 채 바꾸어놓았다.

우리보다 소득이 훨씬 높은 대만에도 중화학 대기업은 유화회사인 포모사그룹 밖에 없었다.

그 당시에는 우리보다 대만(자유중국이라 불렀다)의 소득수준이 훨씬 높았었다.

우리나라 경제규모로는 중공업우선정책이 불가능하다고 반대가 대단했다.

그때 반대세력들이 주장한 대로 포항종합제철을 짓지 않고 중공업단지를 조성하지 않았다면 지금의 우리나라 경제상황이 어떨까 상상하기도 싫다.

원자력발전소를 건설해서 국민들의 전기료부담도 줄여주었을 뿐 아니라 화식연료 수입에 따른 외화지출도 엄청나게 절감했다.

고리1호기 건설당시, 웨스팅하우스 영국 본사직원들이 눈을 내리깔며 우리나라 근로자를 대하던 모습이 눈에 선하다.

"너희들이 무슨 원자력 발전소를 지어?"

그랬던 우리가 지금은 어떤가?

원자력 발전분야에서는 세계최고의 기술력을 가진 나라가 되었다.

교육활성화가 기초과학과 산업발달에 크게 기여했다.

경제개발 5개년계획 등은 이미 장면정부 당시 수립되어 있었던 것이라 5.16혁명을 일으켜 박정희 대통령이 집권하지 않았어도 충분히 실행되었을 것이다.

그러나 그렇게 말하는 사람들에게 묻고 싶다.

같은 교과서로 같은 선생님께 배운다고 모두가 똑같이 우수한 성적을 내는 것은 아니지 않는가?

국가지도자의 능력이나 장기목표 설정에 대한 성찰이나 실행력에 따라 결과는 엄청난 차이가 나는 것 아닌가?

물론 18년 장기집권 기간이 있었으니 그런 업적을 낼 수 있는 시간적 기회가 충분하지 않았겠느냐 하는 사람도 있지만, 고뇌하지 않고 고민하지 않으면서 시간만 때우는 식이었다면 절대로 그런 성과를 낼 수 없었을 것이라는 걸 역사가 증명하지 않았는가?

나는 박정희 대통령을 진정한 사회주의자라 말하고 싶다.

프로이센의 비스마르크 재상을 보수주의자라 말하지 않으면서 어째서 박대통령을 골수 보수주의자의 전형으로 묘사하는지 모르겠다.

우리보다 소득수준이 높았던 거의 모든 나라를 우리는 거의 모든 분야에서 이미 추월했다.

특히 아시아에서는 대만과 태국 그리고 버마와 필리핀을 추월했다.

필리핀의 마르코스 대통령은 박정희 대통령이 빈국에서 약간 나아지자 거드름을 피운다고 생각했는지 국제행사에서 악수는 고사하고 눈도 맞추지 않을 정도로 박대통령을 홀대했다.

그때 박대통령의 심성은 어띠했을까?

인구 오천만 명에 수출 5,000억 불,

세계무역 10대 강국으로 성장하는데 결정적인 기초를 닦으신 분이 바로 박대통령이다.

물론 삼선개헌과 유신헌법으로 민주주의를 후퇴시켰다는 의견에 나도 동의한다.

모택동 중국주석은 대약진운동 중에만 해도 수백만 명 아니 수천만 명을 죽음으로 내몰았다.

또 문화대혁명 중에도 이루 셀 수 없을 정도로 많은 사람들이 죽었다.

그런데도 불구하고 중국인들은 공칠과삼(功七過三)이라 하며 과(過)가 있기는 하되 나라의 발전과 안정을 위한 공(功)이 더 크므로 존경하고 또 공경 받아야 한다고 말한다.

이 세상에 존재하는 어떤 사람도 완전하지 못하고 완벽하지 않다.

"박정희 대통령에게 돌을 던질 수 있는 사람만 돌을 던져라!"

전 세계적으로 철권정치로 독재국가를 이끌었던 지도자 중에 나라를 부흥시키고 발전시킨 지도자는 박정희 대통령이 유일하지 않을까?
그래서 마땅찮은 부분도 많이 있지만 박정희 대통령은 우리의 진정한 위대한 지도자였다.
개인적으로는 이렇게 생각한다.
"만약 박정희 대통령이 십년만 더 집권했었다면 우리나라는 지금보다 훨씬 더 부유하고 강력한 나라가 되었을 것이다."
증산, 수출, 건설
막연한 것 같으나 가장 실질적이고 구체적으로 국민들의 힘을 모을 수 있는 방향을 제시해준 구호라 생각한다.
농촌은 물론 도시의 많은 가정에서도 친칠라와 앙골라 토끼를 키워 그 가죽을 내다 팔았다.
하다못해 산에서 다람쥐도 잡아 수출했다.
년 간 수출 일억 불, 백억 불, 천억 불, 오천억 불...
자동차와 대형 유조선의 수출, 전자제품과 반도체의 수출과 세계시장 점유율을 보라!
이런 것이 기적이 아니고 무엇이 기적이란 말인가?
위대한 한강의 기적을 우리가 이루어냈다.

1979년 10월 26일.
친구이며 현직 중앙정보부장이던 김재규가 박정희 대통령을 시해했다.
나라의 명운을 끊은 총성, 일발이었다.

박정희 대통령의 업적을 한번 나열해보자.

* 의료보험제 실시
* 그린벨트 설치로 산림보호
* 올림픽 유치계획 수립 및 구성
* 4대강 다목적 댐 건설
* 전국 고속도로 건설
* 새마을 운동
* 자동차 산업 육성
* 베트남 파병
* 통일벼로 쌀 자급 달성
* 남북 적십자회담과 남북 공동성명(대북 정책)
* 철강 산업육성

* 조선 산업기반 조성
* 공업단지 조성으로 경제발전의 기틀 다짐
* 반도체 산업육성
* 자주국방(국방과학 연구소 설립)
* KIST 와 KAIST 설립

(전적으로 나의 개인적인 의견임을 밝혀둔다.)

나에게 박정희 대통령을 한 마디로 평가하라면 이렇게 말 하겠다.
운삼기칠(運三氣七),
독일에서는 경제는 미국식 자유자본주의를 따르고 정치는 프랑스식의 정치를 배우고 복지는 북유럽 여러 나라의 복지 정책을 따른다는 말이 있다.
박정희 대통령도 그런 나라를 꿈꾸지 않았나 싶다.(내 개인의 생각이다.)
국가와 국민을 위한 불굴의 의지를 불태운 위대한 지도자!

[최규하 대통령 취임]

박정희 사후 취임했으나 재임기간이 짧아 별다른 업적은 없고 고생만 했다.
광주 5.18과 석유파동 등을 겪었다.

[전두환 대통령의 취임]

12.12사태와 5.18민주화항쟁으로 취임초기에는 굉장한 곤욕을 치렀다.
동네이장도 논두렁 정기라도 받아야 될 수 있다는 말이 있다.
여기서도 운칠기삼(運七氣三)을 말하지 않을 수 없다.
대통령이 되고 싶어서 대통령이 된 것이 아니라 대통령직을 맡을 수밖에 없었다고 나는 생각한다.
집권당시에는 정권의 정통성을 확보하지 못해 여러 가지 난관에 부딪쳤다.

국내에서는 야당 정치인들과 학생들의 집요한 반대운동 때문에 혼란을 겪었고, 대외적으로는 12.12 사태와 5.18 민주화항쟁이라는 걸림돌 때문에 미국으로부터 적극적인 동의를 얻어내지 못했다.
다행히 세계적인 3저 현상(저 달라, 저 유가, 저 금리)의 영향에 힘입어 활발한 경제성장을 이루었다.
전두환 정권을 인정하고 싶지 않은 쪽에서는 3저 현상이 지속될 때와 같은 경우라면 개가 나라를 이끌어도 그만한 성과는 이룰 수 있었다고 말하는 사람들도 많다.
개(犬)도 한다 했으니 자기네들이 정권을 잡아 나라통치를 한번 해봐라 하고 싶다.
누구라도 그런 호시절에는 정권을 잡아 이름을 날리고 싶었을 것이다.
옛날 군왕시절에는 일식(日蝕) 등 특별한 자연현상이 발생해도 군왕의 잘못이라 여겨 하늘에 빌며 제사 지냈다.
비가 오지 않아 가뭄이 들면 하늘에다 기우제를 지내며 용서를 빌었다.
전두환 대통령 집권 당시 3저 현상이 상당기간 동안 지속되었다는 것은 나라와 대통령 개인의 행운이요 복이었다.

전두환이 미우면 전두환 개인을 미워해야지 대통령 전두환을 미워해서는 안 된다.

인간적인 면에서 대통령이 밉다고 대통령직을 미워해서는 안 된다고 생각한다.

또 각 개인들의 생각들이 얼마나 합리적이며 보편타당성이 있는지도 의문이다.

전두환 대통령은 3저라는 때를 잘 만났고 동시에 부하직원들을 믿고 적재적소에 배치해 소정의 성과를 이루어내게 했다.

김재익 경제수석에게 "나는 경제를 모르니 당신이 경제 대통령이 되어 나라의 발전을 위해 경제를 활성화 시켜야 한다. 부탁한다."

과연 어떤 인물이 이렇게 통 크게 생각하고 실행에 옮길 수 있었을까?

그리고 3김(金)이라는 호랑이들이 눈을 벌겋게 하고 호시탐탐 기회를 노리는 가운데서도 어쨌든 7년 단임 약속을 지켰고 평화로운 정권교체를 이루었다.

임기 중에는 경제가 호황이었으니 대통령으로서는 성공한 대통령이라 말할 수 있겠다.

내가 보기에 그의 임기 중에 제일 괄목할만한 전두환 대통령의 업적은 전전자교환기(TDX)의 개발과 상용화 그리고 88올림픽 유치라 생각한다.

만약 그때, 전전자교환기(TDX)의 국산화를 이루어내지 못했다면 우리는 지금도 전자산업에서 다른 전자산업 선진국에 비해 한참 뒤떨어져 있을 것이다.

88올림픽을 성공적으로 치루고 난 후, 우리나라의 국격이 얼마나 높아졌는가?

아시아의 변방국에서 세계에 우뚝 선 나라로 변모하지 않았는가?

내가 말하는 바는 대통령 전두환에 관한 것이지 인간 전두환까지 감안 한 것이 아니니 오해 없기를 바란다.

단 하나 아쉬운 점은 스스로 정통성 결여를 극복하지 못하고 1노3김(一盧三金)의 뜻대로 5년 단임 대통령제가 받아들여지게 방치했다는 것이다.

3김이 순차적으로 대통령을 해보겠다는 욕심으로 5년 단임제를 채택한 것이라는 소문이 그 당시에도 무성했다.
특히 3김(金)의 정치적 욕심이 민주주의라는 이름으로 포장되었던 것을 몰랐을까?
국회의원 임기와 대통령의 임기가 따로 놀아 국민들을 필요없는 정치놀음에 놀아날 수밖에 없이 만들었다.
3김(金)의 욕심은 누구나 알 수 있었을 텐데,,,
그리고 통 크게 12.12사태나 5.18민주화항쟁에 대한 명확한 해명이 있었으면 얼마나 좋았을까 생각된다.
해명이 아니라면 진상규명만이라도 철저하게 했었어도...
안타깝다!

[**노태우 대통령 취임**]

권력의 2인자로서 얼마나 마음고생이 심했을까?
듣지 않고 보지 않아도 뻔하다.

특히 선거에 1노3김(一盧三金) 모두가 출마하여 35% 정도의 저조한 득표율로 당선되었으니 마음고생이 대단했을 것이다

전라도 광주에 가서는 선거연설 한번 하지 못하고 쫓겨났으니 말이다.

전임대통령 당시의 정치상황도 옳게 정리되지 않은 상태에서 점지된 후계자인 것처럼 비춰졌으니 운신의 폭도 굉장히 좁았을 것이다.

여소야대인 상황에서 5공화국 청문회를 열 수밖에 없었으니 그 좌절감이나 망실감도 이해하지 못하는 것은 아니다.

비밀리에 평화민주당의 김대중 씨에게 합당의사를 타진했으나 거절당했다.

그래서 궁여지책으로 생각해낸 것인지 아닌지 김영삼, 김종필 씨와 3당이 합당했다.

야합(野合), 짐승들처럼 들에서 교미를 한 것과 같은 몰상식한 행위를 했다고 큰소리칠 수 있는 빌미를 상대방에게 제공했고 그 시비에서 벗어나지 못하고 임기 말까

지 끝없이 시달렸다.

군 출신이었기에 5.18의 망령에서 벗어나지 못했다.

정책을 집행하는 과정에서 일사분란하지 못하고 오락가락한 측면도 많았다.

그래서 물태우라 불리기도 하지 않았는가?

북방외교의 확대와 88올림픽의 성공을 효과적으로 활용하지 못했다.

전 국가적인 행사를 잘 치르고도 국정운영에 활용하지 못했다는 것은 장기적이고 지속가능한 Road Map이 없었다고 밖에 볼 수 없다.

88올림픽 이후, 불에 기름을 부은 듯 모든 분야에서 활활 타오를 수 있는 절호의 기회를 살리지 못하고 뜬금없이 범죄와의 전쟁을 선포해 전 국민을 혼란 속으로 빠트렸다.

전두환 대통령을 백담사로 보낼 것이 아니라 현직 대통령으로서 국민의 단합을 위해 대사면 조치를 취했으면 어땠을까?

미국의 포드 대통령이 닉슨 전 대통령을 사면했을 때 처음에는 국민과 야당 정치인들 모두가 반대했었지만 결과적으로는 잘 한 것으로 인정받았다.

안타까움이 많이 남는다.

김영삼 당대표와의 알력도 내부에서 차분하게 정리할 문제이지 모든 국민들에게 알려 무슨 득이 있을 거라 생각했는지 의문스럽다.

동시에 전국적으로 조직을 결성하고 있던 월계수회의 존재를 몰랐을 리가 없었을 텐데 초지일관 긍정도 부정도 하지 않은 것을 보면 이면에 무슨 꿍꿍이가 있지 않을까 모두가 의심했다.

절호의 기회를 맞고서도 옳게 활용하지 못한 것은 개인 역량의 문제가 아닐까 생각한다.

퇴임 후를 보장받으려는 욕심 때문은 아니었는지 모르겠다.

[김영삼 대통령 취임]

중학교에 다닐 때부터 "미래의 대통령 김영삼"이라 글자를 벽에 붙여놓고 생활했다니 정치적인 욕심이 대단한 사람인 것만은 인정해줘야 한다.

국회의원 최연소 당선기록은 아직까지 깨지지 않았다.

최다선 기록도 김종필 전 총리와 박준규 전 국회의장과 함께 9선으로 선두를 차지하고 있다.

노태우 대통령과 면담할 당시 노란봉투를 들고 가서는 풀어놓지 않고 그냥 들고 나와 모든 국민들이 그 봉투에 어떤 내용의 서류가 들어있었는지 궁금하게 만든 적도 있었다.

대통령에 당선되고 나서 하나회 척결이라든지 금융거래실명제를 긴급재정명령권까지 발동해서 일사천리로 처리했을 때는 국민들로부터 열화와 같은 지지를 받았다.

김일성과 정상회담 합의,

비전향 장기수인 이인모 씨를 북한으로 보낸 것 등등도 국민들로부터 많은 지지를 받았다.

문민정부를 표방했을 때 군 출신이 아닌 민간출신이 대통령에 당선된 것에 대해서도 국민들의 적극적인 지지가 있었다.

또 민간인 출신이기 때문에 군 출신들보다는 훨씬 국민들의 실생활에 대한 이해도가 높을 것으로 믿었다.
정부로부터 핍박도 많이 받았기 때문에 좀 더 융통성 있는 정치를 펼치리라 믿었다.
"인사가 만사다!"라는 말에 국민들이 열화와 같은 갈채를 보냈다.
"머리는 빌릴 수 있지만 건강은 빌릴 수 없다!"며 매일 아침 조깅을 하는 모습에서 전임자들에게서는 보지 못했던 신선한 모습을 보고 안심한 사람들도 많았으리라 생각된다.
그런데 실제로는 그렇지 못했다.
처음에는 고공 행진했던 지지율이 어느 순간부터 급락하기 시작했다.
전두환 전 대통령을 합천에서 체포해서 서울 검찰로 송치하는 모습을 전국에 생중계로 내보냈다.
노태우와 전두환 두 전직 대통령을 법정에 세웠다.
나라의 국격을 떨어드렸다.
5.18사태를 민주화운동이라 선포했지만 진정한 진상규

명은 등한시하여 지금까지 국민들 간에 갈등을 일으키고 있다.

민주화운동이라 선포하기 전에 철저하게 진상부터 규명했어야 했다.

너무 철없는 행동이라 해야 할지, 아니면 순진하다고 표현해야 할지 모르겠다.

수신제가치국평천하(修身齊家治國平天下)라 했다.

김영삼 전 대통령은 특히 수신과 제가에서 많이 부족했던 것 같다.

대통령이 되려고만 했지 당선되었을 때의 계획은 없었던 것으로 보인다.

아니면 시대에 뒤떨어진 사고방식에 붙들렸던 것은 아닐까 싶다.

아들문제가 불거졌을 때 스스로 제가(齊家)하지 못한 것에 대해 부끄러워해야 했다.

그러나 부모로서 자식문제는 어떻게 할 수가 없다고 변명만 했다.

일국의 대통령으로서는 해서 안 될 처신이었다.

아이젠하워가 미국대통령 당선자 신분으로 전쟁 중인 한국을 방문했을 때다.

유엔군사령관에게 자기자식이 어느 부대에 근무하는지 묻고 최전방에 근무하고 있다는 보고를 받은 자리에서 바로 포로로 잡히지 않을 부대로 이동배치 하라 지시하였다 한다.

그 자리에 있던 모든 참모들이 어떻게 당선자 신분으로 저런 명령을 내릴 수 있나 했으나 곧 자신들이 당선자의 말을 오해했다는 사실을 알고 크게 웃었다는 말이 있다.

그 말인즉슨 "만약 내 아들이 적에게 포로로 붙잡히면 적들이 내 아들을 빌미로 나를 협박해서 자기네들에게 유리한 방향으로 협상하려 할 것이다.

그렇게 된다면 내가 혹시라도 국가에 누가 되는 결정을 할 우려가 있으니 그런 경우를 사전에 차단하기 위해서 그런 말을 한 것이니 오해 없기 바란다."

고위직에 있으면 있을수록 개인보다는 국가의 안녕과 이익이 우선시돼야 하는 것은 너무나 당연한 일이다.

어릴 때부터 정치일선에서 고군분투했으니 차분하게 공

부할 시간적 여유도 없었겠지만 스스로 교만하여 사색하거나 고뇌하지 않은듯 하다.

때 묻지 않고 부정, 부패와는 전혀 상관없이 깨끗하게 살았다는 자부심이 오히려 걸림돌이 된 것이 아닐까?

집권만을 생각했지 나라와 국민을 상대로 제대로 된 진정한 정치를 펼쳐보겠다는 생각은 없었던 것 같다.

부모의 덕으로 어려움 없이 너무 순조롭고 편하게만 살아와 세상살이가 고달프고 복잡할 것이라고는 상상도 하지 못한 것 같다.

OECD(경제협력개발기구)에 너무 성급하게 가입하면서 우리가 과연 준비가 되었는지 참모들의 의견을 구하지도 않은 것 같다.

동시에 우리가 부담해야 할 문제점에 대해서도 등한시했던 것이 아닌가 싶다.

OECD에 가입하면서 세계화를 외쳤지만 세계화(Globalization)에 대한 이해가 부족했다.

세계기구에 가입하기 전에 차분하게 준비해야할 사항이 많이 있었을 텐데 그냥 국내문제 정도로 치부해서 일단

가입해놓고 보자는 심정이었으리라 짐작한다.

I.M.F 사태가 오기 전에 여러 가지 농후한 징조가 있었는데도 불구하고 국내경제는 기초가 튼튼하니 별 걱정이 없을 것이라고 국민을 기만했다.

일본의 "버르장머리를 고쳐놓겠다!"고 큰소리 쳤다.

그러다 I.M.F 사태가 발생하기 직전에는 일본에게 자금지원을 요청했다가 거절당하기도 했다.

국가지도자의 말 한 마디가 얼마나 중요한지 미처 알지 못했던 모양이다.

순진무구한 사고방식으로는 나라를 이끌 수 없다.

특히 세계화가 활발해지는 시점에 우리가 감안하고 고뇌해야할 사항이 얼마나 많은지도 몰랐다는 말인가?

1970년대 초, 미국이 독일을 상대로 환율전쟁을 벌여 한동안 독일경제가 내리막으로 치달았다.

미국은 1980년대에 일본을 상대로 환율전쟁을 일으켜 일본의 잃어버린 20년을 촉발시켰다.

그런 역사적인 사실이 오래지 않은 과거에 있었는데도 불구하고 그 일을 철저하게 분석하고 조사해서 대응책을 세우고 대비하지 않고 아무런 준비도 없이 교만을 부렸다.

요즈음 생각해보면 김 대통령은 진보와 개혁을 주장했지만 진보와 개혁에 대한 이해가 상당히 부족했던 것 같다. 일제 시대 총독부 청사였던 중앙청 철거를 대단한 업적으로 생각하는 모양인데 당시 우리의 실정에 그다지 걸맞지 아니했고 한풀이로 정치를 해서는 안 된다는 걸 여실히 증명해주었다고 생각한다.

최초의 문민정부라고 대단한 자부심을 가졌었는지는 모르겠지만 국민들의 요구에는 충분하게 부응하지 못했다. 건강은 빌릴 수 없으나 머리는 빌릴 수 있다 해놓고 주위 사람들의 머리를 빌리지 않았다.

그냥 매일 아침 조깅하는 것으로 빌릴 수 없는 건강만 챙겼다.

진보와 좌익에 대한 이해가 매우 부족했다.

김영삼 대통령 때부터 소위 말하는 종북 좌파들의 씨앗이 싹을 틔워 현실정치에 뿌리를 내리기 시작했던 것은 아닐까?

"인사가 만사(萬事)다."라 했는데 "인사가 망사(亡事가) 되었다."
무식하면 용감하다 했는데 김영삼 대통령에게 어울리는 말이 아닌가 싶다.

[김대중 대통령 취임]

I.M.F 사태가 막 터지기 전(1996년)에 내가 기도해서 지혜를 얻었기에 김대중 대통령부터는 왜 이 사람이 대통령이 되어야 하는지? 또 대통령이 되었을 때 해야 할 소명이 무엇인지? 기도하며 물었다.
"김대중 씨는 정권을 잡겠다는 것 외에 아무런 비전도 가지고 있지 않다.
정계은퇴를 선언한 것이 한두 번이 아니다.
그러니 정치인으로서는 믿을 수 있는 인물이 아니다.
그러나 호남도민들도 내 세끼이니 백제가 신라에 멸망당한 이후 갖은 곡절을 겪은 호남도민들의 응어리를 풀어주기 위해서라도 김대중을 대통령으로 당선시켜 호남도민들을 위무하려 한다."

내가 처음 전라도 광주 땅을 밟은 것이 1984년이다.
고속도로를 타고 광주 톨 게이트에 들어서면서 가장 놀란 것이 고속도로 입구에 일신방직이라는 글자가 커다랗게 쓰인 굴뚝 하나가 보인 것이다.
나는 부산에서 나고 자라면서 늘 보아왔던 게 공장들의 높은 굴뚝이었다.
그런데 광주시내에서는 일신방직 외에는 굴뚝을 거의 볼 수가 없었다.
부산에서는 그 흔하디흔했던 목욕탕 굴뚝조차도 보이지 않았다.
초행이라 내 눈이 설어 보지 못했을 수 있었겠지만 아무리 둘러봐도 그 이외의 굴뚝은 보이지 않았다.
이래서 호남푸대접론이 나왔겠구나 싶었다.

아슬아슬하게 박정희 대통령이 김대중 후보와 치열하게

경쟁하고 있을 때, 선거유세장에서 공화당 국회의원인 이효상 씨가 경상도 도민들에게 "우리가 남이가?"해서 전라도민들의 감정을 상하게 했었다.
나는 그때도 생각했다.
호남도민들에게 응어리를 풀라고 입으로만 재촉 말고 경상도민들이 앞장서서 전라도민들의 응어리가 풀어질 수 있게 먼저 "우리가 남이가?"라고 한 말에 대해 용서를 구하고 화해의 손길을 내밀어야 했다고...
해방이후 혼란기와 6.25 와중에도 많은 양민들이 피해를 당했다.
내 친척 중에도 6.25 중에 북한을 위해 혹은 공산괴뢰 집단에 부역했다는 혐의를 받고 많이 처형당했다는 말을 들은 적도 있다.
빨치산부대가 지리산에 근거를 마련해놓고 국군과 대립이 한창일 때 그곳에 살았던 주민들의 말을 들어보면 기가 차서 말도 안 나온다.
낮에는 태극기가 휘날리고 밤에는 인공기가 휘날리는데 언제 어디서 누가 나타나 도둑질하고 해악을 끼칠지 몰라 전전긍긍 했다 한다.

누구도 믿을 수 없는 세상이었단다.

특히 한반도남부에는 지리산이라는 험한 산도 있지만 이순신 장군의 말씀처럼 약무호남(若無湖南)이면 시무국가(是無國家)라 할 정도의 넓은 평야가 있었으니 호남은 누구나 탐낼만한 지역이다.

그런 와중에서 자신의 생명은 물론 모든 가족의 생명과 재산을 지켜야 했을 당시의 민중들 심정은 어떠했을까?

이렇게 복잡하게 얽히고설킨 민중들의 아픔을 쓰다듬어 줄 수 있는 사람으로 같은 호남출신이요 자신도 정치적인 핍박을 많이 받았고 민중들의 아픔을 자신도 이미 경험해 보았으니 지도자로서의 역할을 잘 할 것이라 생각했다.

"그래서 김대중이 가장 적합하다. 김대중을 대통령으로 삼아야겠다. 뱀은 혀가 두 가닥으로 갈라졌지만 김대중은 거짓말 하는 혀가 수백 가닥으로 갈라져 있으니 조심하고 또 경계해야한다."

그런 말을 들을 당시에 나는 정치에 관심은 가지고 있었지만 일반 민중들의 수준에서 크게 벗어나지 않았었다. 그래도 대통령으로 집권해서 국가와 민족을 위해 한번 봉사하겠다니 그런 가 보다 했었다.

1노3김(一盧三金)이 모두 출마했을 때 3위로 낙선하고 그 다음선거에서 김영삼 후보에게 패배한 이후에 했던 말, "나는 이제부터 정치를 하지 않겠다."

그러나 자신이 했던 말도 아무런 거리낌 없이 뒤집었다. 그러니 무슨 거짓말인들 못할까 싶었다.

그 당시 현직 대통령이었던 김영삼이 이리 갈까 저리 갈까 방향을 잡지 못하고 어영부영하는 사이에 이인제라는 사람이 김영삼의 진심이 자기에게 있다고 착각했는지 아니면 김영삼이 도와주겠다고 약속해서 그랬는지 대선에 출마했는데 자신도 당선되지 못했지만 결과적으로 여당 표를 분산시켜버렸다.

말하자면 김대중은 어부지리로 대통령에 당선된 것이다. 그렇다고 하면 좀 더 조심성 있고 치밀하게 국정을 운영하려고 했어야 하는데 I.M.F 사태 와중이라 자신의 존재감을 높이려고 했는지 이리저리 정신없이 뛰어다니는 형국으로 국정을 운영했다.

디오게네스가 말했다는 "햇볕"이라는 말을 어디에서 들었는지 햇볕정책 운운하며 북한에 돈을 퍼부어줬다.

북한의 고난의 행군시절, 북한 주민들 상당수가 굶어죽어 나가고 있었다.

김정일의 입장에서는 김대중의 지원이 하늘에서 내려주는 구원의 밧줄이라 생각하지 않았겠는가?

돈 준다는데 싫어할 사람은 없다.

좋은 듯 김정일의 초청으로 북한을 방문하게 되고 그 결과 김대중은 남북관계 긴장해소에 크게 기여했다고 노벨평화상을 수상했다.

우리나라 최초의 노벨상 수상자가 되었다.

그런데 김정일은 그 돈을 핵무기 개발에 투입했다.

작금의 핵문제는 그 때부터 잉태되었다고 말할 수 있다

또 하나 더, 김대중 대통령의 가장 근본적인 실수는 정치세력 확보를 위한 사면, 복권의 남발이었다.

세력 확충을 위해 젊은 피를 수혈한다는 이름으로 공산주의이론에 심취해있던 인물들을 정치권으로 끌어들였다.

물론 자신도 남로당에 몸담은 적이 있었으니 동병상련(同病相憐)으로 동지적인 대우를 하려 했던 것일까?

김대중 대통령이 재임하면서 이루었다고 자랑했던 모든 것들이 스스로 문제점을 내포하고 있었다는 사실을 이제는 모르는 사람이 없을 것이다.

경기부양책의 일원으로 실시했던 신용카드 발행조건의 완화와 그 후유증, 기업체 자산의 헐값매각 등등

그러나 호남도민들을 진정으로 위무하려는 어떠한 노력도 기울이지 않았다.

다만 일부 측근들에게만 이익을 주고 일부 측근만 보듬었을 뿐이다.

호남도민들의 감정을 역이용했다.

호남도민들을 위한 위무가 아니라 지역감정을 더 심화시켰다.

많은 사람들이 김대중 대통령은 책을 많이 읽었고 기록을 철저하게 했기에 대단히 박식하고 또 기억력도 대단히 뛰어났다고 칭송하는데 내 생각은 다르다.

김대중 대통령은 책을 많이 읽기는 했으나 독서를 통해

지혜를 얻은 것이 아니라 술수를 많이 배운 것 같다.
김대중 대통령도 수신과 제가에 실패한 사람이다.
아들 셋이 모두 구설에 올랐으니 더 말할 필요도 없는 것 아닌가?
그런 사람에게 치국(治國)이 가당키나 한 일이었을까?
경상도민들에게 부탁한다.
영호남의 문제 아니 갈등을 정치인들에게 맡기지 말고 우리 민중들이 앞장서서 해결해나가도록 하자!
정치인들의 정치놀음에 흔들려서는 나라의 앞날이 너무 어둡다.
좁디좁은 땅 덩어리에서 같이 살면서 우리가 남이 될 수는 없는 것 아닌가?

마지막 한 마디, "우리가 남이가?"
"대~한민국 짝짝짝 짝짝…"

[노무현 대통령 취임]

1988년 13대 국회의원 선거 시, 부산 동구에 노무현 변호사가 출마했다.
그 당시 권력실세라는 허삼수 의원에게 도전한 것이다.
젊은 사람들이 동구의 산복도로를 따라가며 노무현을 연호했다.
나도 그 자리에 있었다.
당선되었다.
독재정권의 실세를 물리쳤으니 그것만으로도 대단하다 여겼다.
그러나 국회 5공 청문회에서 전직대통령을 향해 명패를 집어던지는 모습을 보고 인간적으로 막 돼먹었구나 실망했다.
인권변호사로 활동했다 해서 그 지역에 사는 지인들에게 물어보았다.
"노무현이라는 사람의 본 모습은 무엇인가?"
노무현의 민낯에 대해 들으면 들을수록 실망만 더 커졌다.

어려운 처지에서 분발해 변호사로 성공한 보통사람이며 동시에 굉장히 콤플렉스에 시달리는 사람이구나...
그리고는 노무현을 잊어 버렸다.
서울 종로 보궐선거에서 승리한 다음 당선유무를 떠나 적지인 부산강서구에 출마했다 낙선,
부산시장에 출마했다 또 낙선,
그런 과정을 거치면서 서서히 노무현이라는 이름이 민중 뇌리에 각인되었다.
어느 날 해양수산부 장관으로 취임한다는 소식을 들었다.
새천년민주당의 대통령후보 경선에 출마한다는 기사를 보고 나도 놀랐다.
정치인들은 참으로 용하다.
선거 몇 번 치렀다 낙선하면 패가망신한다 했는데 무슨 수로 선거비용을 충당해서 계속 출마 할 수 있을까?
정치판을 전혀 모르는 나로서는 정치자금 조달방법에 대해 도저히 이해할 수 없었다.
새천년민주당의 대선후보 경선에 출마할 때만 해도 많은

사람들은 찻잔 속의 태풍정도의 일시적인 현상일 거라 생각했다.
그런데 막상 뚜껑을 열고 보니 전라도 광주에서 예상 밖으로 선두를 차지했다.
그리고는 승승장구...
대선후보로 확정되고 난 후, 기도 해봤다.
"누구를 다음 대통령으로 삼으시겠습니까?"
"노무현!"
"아니 인격적으로도 도야되지 않았고 인성도 옳게 갖추어지지 않았는데 어찌 대통령 감으로 점지하셨는지요?
김대중도 당신의 뜻과는 전혀 다른 방향으로 움직이지 않았습니까?
같은 실수를 반복하시는 꼴이 됩니다."
"노무현을 대통령으로 삼으려는 이유는 단 하나, 약자도 제하기 나름에 따라 성공할 수 있다는 걸 보여주기 위해서다.
이 또한 어리석은 중생들에게 내 뜻을 알리려는 것이니 그리 알아라."

당시 상대방후보는 당사자는 물론 주위의 거의 모든 사람들이 당선되는 것이 거의 확실하다고 생각하고 있었다.
그런데 이번에도 크나큰 변수가 나타났다.
정모라는 사람이 보수층의 표를 분산시키고 있었는데 뜬금없이 노무현과 후보단일화를 위한 여론조사를 해서 그 결과에 승복하고 여론조사의 승자로 후보단일화를 이루자고 합의했다.
노무현이 여론조사의 승자가 되었다.
상대후보에게는 마른하늘에서 벼락이 떨어진 꼴이 되었다.
막상막하 시소 끝에 노무현이 당선되었다.
인격이 갖추어지지 않았으니 내가 보기에는 임기초반부터 위태로운 행보를 계속했다.
청와대 실무진과 정부인사에서 참신하다고 선전했지만 실질적으로는 아마추어의 사고방식을 벗어나지 못했다.
온 국민을 통합하고 전 세계를 상대해야하는 대통령인데 순진무구 혹은 참신하다는 것으로 국정을 운용할 수는 없는 것 아닌가?

새천년민주당을 깨고 열린우리당을 창당했다.
그때부터 잡음이 들리기 시작했다.
여러분들도 평검사와의 대화 장면을 기억하실 것이다...
국정운영을 무슨 동네친목회 운영수준 정도로 생각했는지 모르겠다.
북한을 방문했는데 김정일과 악수 한번 한 것 말고는 아무런 성과가 없었다.
하지 않아도 될 괜한 소리를 해서 국회에 제출된 탄핵동의안이 재적 삼분의 이 이상의 찬성으로 통과되었다.
비록 헌법재판소에서 탄핵동의안이 인용되지 않아 대통령직을 계속 유지했지만 나라의 국격이 엄청나게 떨어졌다.
나는 당시의 제1야당인 한나라당에 여러 차례 대통령 탄핵의 부당성과 헌법재판소의 통과여부가 불투명하다는 것을 수차례 강조했으나 정신 줄을 놓아버렸는지 한 귀로 듣고 한 귀로 흘려버렸다.
(무시몽매힌 한 사람이 지껄이는 것으로 생각했던 것 같다.)
그래도 다행스러웠던 것은 노무현 대통령과 386세대와

의 관계는 동업자 내지는 동지의 입장이 아니라 386세대 출신들이 지시를 받는 실무자의 입장이었기에 노무현 대통령이 자신의 뜻을 그런대로 관철시킬 수 있었다.

그러나 종북 세력이 뿌리를 깊게 내리게 바탕을 만들어 준 것은 부정할 수 없을 것이다.

퇴임하면서도 청와대의 기록물을 개인적으로 활용하겠다는 의지로 봉화마을로 반출했다 다시 돌려주는 희극상도 연출했다.

퇴임한 정부수장은 임기를 마쳤으니 다음 후임자가 새롭게 판을 짤 수 있도록 조용히 있어주는 게 당연한 처사일 것이다.

이런 저런 구설에 올라 결국 버스를 타고 검찰청에 송치되는 이상한 모습까지 연출 되었다.

전두환 전 대통령이 합천에서 서울로 압송되던 장면이 떠오르지 않았을까?

만감이 교차했을 것이다.

그날 버스에서 내려 잠깐 머뭇거리는 모습을 보일 때, 나는 그의 얼굴에서 죽음의 그림자를 보았다.

지금까지 자신은 당당하게 직무를 수행했다고 생각했을지는 몰라도 앞으로 나가도 너무 멀리 나갔기 때문에 스스로에게 당당할 수 없어 더 큰 곤욕을 치르지 않으려면 죽을 수밖에 없구나 싶었다.
사람들은 남을 속이다 보면 자신의 거짓말이나 잘못을 잊어버리는 경우가 많다.
갖은 요설로 다른 사람은 잘 속여도 자기 자신은 절대로 속이지 못한다.
그래서 스스로 당당하게 대처하지 못했을 것이라 믿는다.
참여정부를 내세우고 그 후에는 열린우리당을 창당했지만 국민의 마음을 열지 못했고 국민들을 참여시키지도 않았다.
누구처럼 술수라도 잘 부릴 수 있었으면 좋으련만 술수도 잘 부리지 못하니 망치로 바위를 깨려는 것과 같은 어리석은 행동을 반복했다.
얼음은 송곳으로 깨야 한다.
얼음을 송곳으로 깬다고 바위도 송곳으로 깰 수는 없다.

바위는 정으로 작은 구멍을 파고 그 속에 나무쇄기를 밖아 넣고 물만 부어주면 바위는 자연스럽게 갈라진다.

캄캄한 밤중에 깊은 산속에서 길을 잃었을 때는 딱 두 가지 방법이 있다.

하나는 그 자리에서 밤을 새워 해가 뜰 때까지 기다리는 것이다.

다른 하나는 물길을 찾아 그 물길을 따라 내려가는 것이다.

길을 찾겠다고 허둥대는 순간 정신 줄을 놓쳐버려 전혀 엉뚱한 곳으로 가서 죽을 수도 있다.

노무현 대통령 시절에 유난히 많이 사용한 단어가 로드맵(Road Map)이다.

그러나 실직적인 로드맵은 없었던 것이 아닐까 싶다.

그만큼 세상물정에 어두웠다는 말이다.

혼자만의 지식과 경험으로 혹은 사상이나 이념으로 국가를 통치할 수 있다는 생각자체가 어리석은 짓이다.

태국의 전 수상 탁신이 한 말이 있다.

"기업경영과 국가 통치는 근본적으로 다르다."

극단적으로 표현하자면 일국의 대통령도 국민들이 고용한 것이지 국민들을 부리는 직책이 아니다.
김영삼 정권을 시작으로 김대중 정권과 노무현 정권을 거치면서 소위 민주화 운동을 했다는 진보라는 이름으로 포장된 좌파라는 나무들이 뿌리를 깊게 내리고 잎도 무성하게 번성했다.
사회전체 아니 온 국민이 공산주의 사상의 폐해에 무감각해졌다.
노무현 대통령이 서거하고 나서 이렇게 말한 사람이 있었다. "우리는 폐족(廢族)이다."
그 폐족들이 다시 살아나서 나라를 엉망으로 만들고 있다.
노사모(노무현을 사랑하는 모임)만 있었던 게 아니다.
노문모(노무현을 사랑하는 문화인들의 모임)도 있었다. - 일반 민중들은 노문모를 잘 모르고 있는 듯하다.
그 당시, 문체부 블랙리스트의 시발이 아닐까 생각한다.
세상이 거의 모든 영웅이라 칭송받는 사람들은 자연사한 경우가 거의 없다.

요절했거나 불의의 사고로 죽었을 때 영웅으로 대우받는 경우가 다반사 아닌가?

미국의 케네디 대통령이나 마틴 루터 킹 목사의 경우가 그렇다.

쿠바의 피델 카스트로보다 체 게바라를 사람들이 더 많이 기억하는 것도 그런 경우라 생각한다.

노무현 대통령의 경우도 이유야 어찌되었건 자살했기에 긴 세월동안 민중들의 입에 이름이 오르내리는 것은 아닐까?

노무현 대통령이 자살하지 않고 지금까지 살아있다면 어떤 모습으로 살고 있을까?

또 국민들이 노 대통령에 대한 평가를 어떻게 내리고 있을까?

[이명박 대통령 취임]

여기저기서 "종북 좌파들의 횡포가 여간 심하지 않

다."라는 불평과 불만이 여기저기서 불거졌다. (대통령 선거 전에)

내가 기도하며 여쭈었다.

"이번 선거에서는 어떤 인물을 대통령으로 점지하시렵니까?"

"이명박!"

그 당시에는 여러분들도 기억하시겠지만 이명박 후보가 박근혜 후보에게 많이 밀리는 양상 이었다.

나도 이명박 후보가 근무했던 회사에 근무한 경험이 있기에 이명박 씨에 대해서는 이것저것 들어 알고 있는 사실들이 꽤나 많았다.

그 이야기들을 종합해보면 이명박 씨는 인간적인 면에서 매우 부족한 부분이 많고 강한 자에게는 한 없이 비굴할 정도로 약하고 약한 자에게는 한없이 군림하려는 경향이 있다고 평가할 수 있을 것이다.

이명박 대통령이 자주 사용했던 말, "나도 해보았는데..."

힘들고 어렵다고 하소연하는 사람들에게 "나도 해보았

다"고 말하는 것은 상대방을 아주 폄하해서 하는 말이다.
"박근혜 후보는 아직까지 우리 국민들이 여성 대통령에 대한 막연한 불안 심리를 가지고 있기 때문에 이번 선거에는 출마하지 못할 것이다."
"만약에 이명박 씨가 당선된다면 그가 가장 시급히 처리해야 할 일은 무엇입니까?"
"좌파세력 척결!"
기도의 말씀대로 이명박 씨가 대통령으로 당선되었다.
그것도 400여만 표 정도에 달하는 어마어마한 표차로 당선 되었다.
상대방 후보가 28% 정도 밖에 득표하지 못했으니 좌파정권 종식이 가능하겠다 싶었다.
그런데 후보시절 공약사항이라고 뜬금없이 4대강운하사업을 밀어 붙이는데 기가차서 말이 안 나왔다.
이명박 대통령이 비록 유수한 건설회사 수장도 맡았었지만 4대강운하사업에 올인 하는 듯 한 모습이 왠지 불안했다.
야당과 국민의 반대에 부딪쳐 4대강운하사업을 보류하

는가 싶더니 4대강정비 사업이라는 다른 이름으로 공사를 밀어 붙였다.

수로이용을 원활하게하기 위해서는 물동량이 많은 낙동강수로를 먼저 개발하고 농업수로도 사용할 수 없다는 영산강의 정비부터 순차적으로 공사를 했다면 그렇게 국민적인 반대는 없었을 것이다.

그러는 와중에 쇠고기 파동이 일어났다.

수많은 학생과 시민이 거리로 뛰쳐나왔다.

좌익세력들의 선동이란 것을 몰랐다는 말인가?

미국 소고기가 광우병에 걸린 경우가 있으니 미국산소고기 수입을 금지해야 한다는 국민들의 원성이 자자했다.

서울시내 중심가를 수많은 인파가 촛불을 들고 모여들었다.

국민들이 어리석었다.

그리고 정부의 대응도 시원찮았다.

말하고 싶지도 않지만 그런 사태에 대응하는 정부관계자들의 어리석은 태도에 내가 분해서 치를 떨었다.

미국 소고기를 먹을 수밖에 없는 미국사람들은 모두 다

광우병에 걸린다는 말인가?

서양 사람들은 육식을 주로하고 동양 사람들은 채식위주로 음식을 섭취한다지 않는가?

그렇게 국민들이 전폭적으로 지지해주었는데 불구하고 대처하는 방식이 겨우 이 정도일 줄은 정말 몰랐다.

어떤 사람에게 들은 바에 의하면 그 당시 대통령이 이런 말을 했단다.

"보수 쪽의 말만 들어서는 안 되겠으니 진보 쪽의 이야기도 듣는 자리를 마련해 대화를 가져봐라."

보수진영의 어떤 인물이 이명박 정권의 행태를 딱 한 마디로 정리했다.

"머슴들에게 완장을 채워주었으니 주인에게 잘 보이려 앞도 뒤도 보지 않고 막무가내로 뛰기만 한다."

"호떡집에 불난 것 같다."

해외자원 개발을 전문가가 아니고 집사 같은 경험 없는 사람을 내보냈으니 성과가 있을 리가 없었다.

그때 수많은 좌파인사들이 진보라는 이름으로 국정운영에 참여한 것으로 알고 있다.

좌파세력을 척결하라 했는데 오히려 좌파정객들에게 자리를 마련해준 꼴이니 기가차서 말도 안 나왔다.

내부결속부터 다져야 하는데 자기의 뜻과 달리한다고 같은 당내의 반대편을 적보다 더 냉대했으니 나라꼴이 어떠했을까 짐작되고도 남음이 있다.

그런 이명박 대통령이 잘 한 것은 무엇이 있을까?

서울시장 재직 당시에 청계천복원과 중앙 버스전용차로제.(아주 작은 업적이라 말할 수 있겠다.)

대통령으로서는 아랍에미레이트에 원자력발전소 수출한 것이 제일 큰 업적 같다.

그야말로 "고,소,영"의 틀에 붙들려 꼼짝하지 못했다.

이명박 대통령을 보면서 떠오르는 구절이 하나있다. "경험해보지 않으면 상상도 못 한다."

성장하고 생활하면서 겪어보지 못한 것을 어떻게 상상할 수 있겠는가?

이명박 대통령의 제일 취약한 점은 모든 것을 만기친람(萬機親覽)하려 했고 모든 것을 알고 있다는 근거 없는 자신감에 빠져있었다는 점이다.

진정한 리더는 주변 사람들이 능력을 최대한 발휘할 수 있도록 이끌어줘야 한다고 했다.
남들은 알아주지도 않는데 혼자서만 독야청청하다고 했으니 외롭고 힘들고 고독했으리라!
과도한 자신감에 함몰되어 있었으니 캄캄한 밤에 혼자서 광야를 헤매는 꼴이나 다름없었을 것이다.
바늘구멍에 소 바람 빠진다 했다.
작은 거짓말 하나가 전체를 썩게 만들었다.
다스가 누구 소유인지는 중요하지 않다.
다만, 명쾌하게 설명해서 국민들의 의구심을 풀어주었어야 하는데 그러지 못 했다.
이명박 대통령이 직장생활을 했을 당시에는 그런 경우가 관행적으로 존재하고 있었다.
세월이 지나고 나서 문제점이 있는 것으로 보였을 수도 있으니 숨기려 하지 말고 이실직고했다면 국민들도 이해했으리라 나는 믿는다.

이명박 대통령을 한 마디로 표현한다면,

"안하무인."
내 자신은 선(善)이요 나머지는 모두가 악(惡)이라는 이분법적인 사고방식이 문제였다.

[박근혜 대통령 취임]

18대 대선에 출마해 당선되었다.
1987년 직선제가 실시된 이후 최초로 과반수이상의 득표로 당선되었다.
나는 이미 17대 대선 당시에 18대 대통령으로 박근혜 씨가 당선될 것이라 말한 바가 있다.
그 이유로는,

첫째는 부모가 모두 흉탄에 쓰러지는 아픔을 겪었고 또 스스로 일어섰다.
육영수 여사가 돌아가시고 나서 한동안 퍼스트레이디 역할을 수행했기 때문에 "서당 개 삼년에 풍월이라!" 국정운영에도 일가견이 있을 것이라 믿었다.
어린 시절부터 청와대에서 생활했기에 아버지인 박정희 대통령의 고뇌와 고통을 옆에서 직접 보고 들었을 것이고 따라서 남다른 안목을 가지고 있을 것이다 싶었다.
남들이 감히 해보지 못할 경험을 했기에 박정희 대통령의 포부를 알고 그 유업을 잘 마무리할 수 있을 것이라 생각했다.

둘째는 나이도 어느 정도 들었으니 인간이라면 어쩔 수 없는 오욕칠정(五慾七情)을 완전히 극복할 수는 없으나 어느 정도 자제하거나 절제할 수 있는 능력은 갖추었을 것이라 생각했다.

셋째는 개인적으로는 불행한일일지 몰라도 한 국가의 수장으로서는 배우자나 자식이 없다는 것이 얼마나 홀가분한 일인가?
취임초기에 형제들과도 일체 연락을 끊겠다고 까지 했다.

대단한 결심을 표명한 것처럼 들릴지 모르지만 인간의 속성을 모르는 어리석은 약속이었다.
그래도 그 정도의 결의라면 믿어보자 싶었다.
그런데 처음부터 들고 나오는 게 "창조경제"
틀렸구나!
창조경제(Creative Economy by John Howkins 영국)라는 책을 지은 저자가 한 말이 있다.
"창조라는 것이 무슨 특별한 현상이나 발견 발명을 말하는 것이 아니고 열심히 연구 개발하다보면 창조적인 것이 나타날 수 있다.
창조경제는 그런 창조적인 결과를 얻기 위해 끊임없이 노력하자는 것이다.
창조라는 단어가 매우 매력적으로 들리지만 사실은 구체적인 실상은 없다."
구체적이지 못하고 실질적이지 못하다는 말이다.
책에서 저자가 말하고자 한 진의를 제대로 파악하지 못했던 것 같다.
박정희 대통령이 내건 구호인 증산, 수출, 건설은 매우 직설적이고 구체적인 개념이다.

관념적이고 추상적인 구호를 앞세우면 얼마 지나지 않아 스스로 혼란에 빠지게 된다.

또 "통일은 대박이다!"

맞는 말이다!

그러나 우리나라 통일이 우리가 원한다고 이루어질 수 있는 것이 아니다.

독일의 경우 빌리 브란트(Willy Brandt)수상의 비서로 동방정책을 입안하고 실행한 에곤 바르(Egon Karl-Heinz Bahr)의 자서전에도 볼 수 있듯이 독일통일은 주변강국들인 미국, 영국, 프랑스 그리고 쏘련과 끊임없이 협의하고 조율한 끝에 얻어진 결과라는 사실을 잊어서는 안 된다.

그것도 수십 년 동안, 독일정부가 정권교체 여부와 상관없이 지속적으로 노력한 결과 통일과업을 완수한 것이지 번갯불에 콩 볶아 먹듯 한 순간에 이루어진 것은 아니다.

독일도 통일과업을 완수한 것이 아니고 통일이 이루어진 것이다.

통일을 우리가 주도적으로 할 수 있을 것으로 착각했다.
첫 단추가 잘못 꿰었으니 그 다음은 불문가지였다.
정부 관계자들을 만나 이야기를 들어보면 "창조"라는 말만 나오면 머리가 깨질 것 같다고 말했다.
"창조"를 지시하는 사람도 개념이 옳게 정립되지 않은 상태에서 지시하고 지시받는 사람 또한 개념정립이 되지 않은 상태이니 어찌 지시를 명확하게 받고 임무를 수행할 수 있었을까?
그런 막연한 지시를 받은 사람들이 얼마나 고통스러웠을까 짐작이 간다.
푸드 트럭에 대한 규제완화를 지시했으나 지시가 바로 받아들여지지 않았으니 박대통령도 답답했을 것이다.
박대통령 뿐 아니라 거의 모든 대통령들이 규제에 대해 옳게 이해하지 못하고 있는 것 같다.
그럼 규제란 무엇인가?
"규칙이나 규정에 의하여 일정한 한도를 정하거나 정해진 한도를 넘지 못하게 막음."
사전적 의미에서 규제를 위와 같이 표현하고 있다.

규제는 사회적 혼란을 방지하기 위해 정한 최소한의 규칙과 규정을 말하는 것이 아닌가?

작게 보면 규칙이나 규정을 말하지만 크게 보면 제일 근본적인 규제는 바로 헌법이다.

그 다음이 각종 법률이고, 법률에 따른 시행령과 시행세칙 등이 바로 규제이다.

그리고 지방자치단체의 의회에서 다루는 조례와 그에 따른 규칙등도 규제의 범주에 들어간다.

그래서 규제혁파를 말하기 전에 먼저 법률 전체를 한번 스크리닝 해야 한다.

무엇이 문제고 무엇이 규제인지 먼저 알고 대처방안을 강구해야 한다.

내가 보기에 박근혜 대통령의 가장 근본적인 문제점은 세상물정에 어두웠다는 점이다.

힘들고 가슴 아픈 일을 겪으며 스스로 저항력을 길러 의연하게 대처해야 했는데 그러지 못하고 벙어리 냉가슴 앓듯 혼자서만 앓고 말아버려 스스로 학습할 기회를 놓쳤다.

많은 사람들에게 배신을 당했으니 사람들에 대한 믿음이 없었을 수도 있다.

그래서 믿을 수 있다고 판단한 사람들만 상대한 것일까?

인간 박근혜로는 굉장히 불운하고 안타까운 일이지만 대통령으로서는 적절하지 않았다.

세월호사건과 최순실 테블릿PC사건을 그렇게 밖에 대응할 수 없었는지....

같은 당 의원들이 반란(?)을 일으켜 사상초유로 대통령 탄핵이 가결되었다.

지금 생각해도 세상을 모르고 정치판의 형세를 몰라도 그렇게 모를 수 있었을까?

왜? 아군들이 나의 등에 칼을 꽂았는지, 나의 잘못이나 부족한 점은 무엇이었는지, 차분하게 복기해볼 필요가 있다.

아직도 궁금한 것이 있다.

박대통령이 국회에서 연설하면서 "개헌한다면 내 임기는 단축되어도 좋다."

누가 그런 조언을 했는지 참으로 기가 차고 매가 찬다.

[문재인 대통령 취임]

박근혜 대통령에 대한 탄핵안이 헌법재판소에서 인용이 되고 2017년 5월에 대통령 선거가 실시되었다.
문재인 대통령이 불과 41.08%의 득표율로 당선되었다.
홍준표 24.03%, 안철수 21.41%, 유승민 6.76%...
문재인 대통령 역시 김대중 대통령이나 노무현 대통령과 마찬가지로 보수성향의 표가 분산되면서 어부지리를 얻어 당선된 것이다.
문재인 대통령은 대통령으로서 준비된 사람이 아니다.
대통령이 되려고 준비한 사람도 아니다.
어느 야당인사가 "우리는 폐족이다."라고 선언 아닌 선언을 할 정도로 기운이 다 빠져있었다.
그러다 떠밀리다시피 국회의원 선거에 출마해 당선되어 정치를 시작하기는 했으니 정치인으로서 준비를 할 시간적 여유도 없었을 것이다.

그렇다면 지금까지 문재인 정부에서 시행한 정책들에 대

해 하나씩 짚어볼까 한다.

첫째 소득주도성장
소득이 높아지면 당연히 경제는 활성화 된다.
그러나 소득의 증가가 개인들이 열심히 노력해서 높아지도록 하는 것이 아니라, 정부재정을 이용해서 하위계층의 소득이 높아지도록 도와주겠다는 발상이 어떻게 나왔는지 아무리 생각해도 모르겠다.
국가재정의 원천은 국민들이 각종 형태로 부담하고 있는 세금이다.
비록 일반인들이 재산이 많지 않고 기업경영을 하지 않아 직접적으로 납부하는 세금은 적을지 모르나 부가가치세를 비롯해 간접적으로 부담하는 각종 간접세는 상상을 초월할 정도다.
지금 정부가 시행하고 있는 소득주도성장은 국민들의 부담은 뒤로 숨기고, 미래에 국민들이 부담해야 할 채무를 정부의 시혜로 위장하고 있다 해도 과언이 아니다.
국민들이 스스로 일어서야겠다는 의지를 상실하고 순종

하고 순응하는 우매한 국민들로 변모시킬 수 있기 때문에 절대적으로 시행해서는 안 되는 정책이다.

아이들을 봐도 부모가 때를 쓰거나 앙탈을 부릴 때마다 푼돈을 쥐어줘서 매 순간을 넘어가다보면 어느 순간부터는 푼돈을 손에 쥐어주지 않는 부모를 원망하고 폭력을 휘두르는 경우를 우리는 사회생활 중에서도 많이 볼 수 있다.

"자식을 부모가 망쳤다."고 후회하는 경우도 그런 경우 중의 하나가 아닐까 생각한다.

미운 놈 떡 하나 더 주고 고운 놈 매 한 대 더 때리라는 말이 왜 나왔겠는가?

진정 국민들을 사랑하고 스스로의 삶을 개척해나가려는 굳은 의지를 갖추게 하려면 물질적인 도움을 줄 것이 아니라 정신적으로 무장되도록 이끌어줘야 한다.

소득주도성장은 이미 한계를 들어났다.

그럼에도 불구하고 소득주도성장을 외쳤던 인사들이 그 잘못을 인정하지 않고 있으니 그 것이 더 큰 문제라 생각한다.

소득주도성장을 주도적으로 이끌었던 청와대의 한 참모가 2018년 중반에 "아직 소득주도성장 정책이 가시적인 효과를 내지 못하는 것으로 나타났으나 년 말에는 효과가 분명히 나타날 것이니 국민 여러분들이 조금만 참고 기다려 주십시오." 하며 공개적으로 소득주도성장을 옹호했다가 연말이 되기도 전에 사표를 내고 그 자리에서 물러났다.

자리에서 물러나면서 한 말이 또 가관이다.

"나는 이상주의자다. 그래서 내 생각과 현실경제에 괴리가 있었던 것 같다.

그렇지만 나는 영원한 이상주의자로 살겠다."

아니 국민들을 상대로 자신의 생각을 실험했다는 말인지?

실험에만 그쳤으면 좋으련만 막대한 국고손실을 발생시키면서 국민들을 혼란에 빠트리고도 일말의 양심의 가책도 느끼지 못하는 그런 사람들이 국정운영에 깊숙이 개입했었다는 사실에 분노하지 않을 수 없다.

그런 실수나 과오를 저지르고도 아직까지 소득주도성장

을 강조하고 있으니 기가 찰 노릇이 아닌가?

문재인 대통령은 준비하지 않은 채 대통령에 취임하였으니 참모들의 의견을 듣지 않을 수 없을 것이다.

그런데 참모라는 사람들이 과거 학생운동의 경력과 이력뿐인 사람들이니 복잡한 세상물정에 어둡다.

다양한 경험과 지식을 배워야 할 시기에 사회주의 혹은 유물사관과 공산주의 이론인 자본론만이 세상을 구하는 유일한 방법이라 배웠고 세상의 다른 분야를 배울 기회조차 없었을 것이니 그럴 만도 하다.

소득주도성장 정책을 한마디로 표현하면 제 살 뜯어먹는 어리석은 짓일 뿐이다.

소득주도성장을 큰 소리로 외쳤던 당사자는 지금 중국주재 대사로 부임했단다.

국민들의 신음소리가 들리지 않는지 묻고 싶다.

나도 요즈음 들어 왜 공산주의 이론을 막스-레닌주의라 하는지 조금은 짐작이 간다.

레닌이 막스의 이론을 일부 이용해 자신의 이론을 막스

의 이론과 동일시한 것이다.

둘째 최저임금 인상
최저임금을 인상해서 근로자들이 조금 더 윤택하게 살 수 있게 하겠다는데 어느 누가 반대하겠는가?
그러나 자본주의 경제가 이미 사회전반에 뿌리 깊게 내리고 있다는 사실을 몰랐다는 말인가?
아니면 자본주의를 부정해서 새로운 경제 패러다임을 구축하겠다는 말인가?
(내심으로는 그럴지도 모르겠다.)
최저임금이 인상되면 그에 따라 모든 물가가 상승된다는 사실을 모르는가?
아니면 물가상승을 억제할 비장의 방안이 있다는 말인가?
우리 경제가 공산주의식의 통제경제라면 물가상승을 억제할 수 있겠지만, 시장경제가 뿌리내린 우리나라에서는 물가상승을 강제적으로 억제할 방안이 없다.
물가상승을 억제할 방도가 없으니 최저임금 인상정책을

강제하기 위해서 갖은 논리로 포장해서 발표하고 있다.
개별기업의 원가구조를 보면 인건비가 차지하는 비율이 결코 높지 않다.
그러나 제품생산을 위해 투입되는 자재와 용역에도 인건비가 포함되어 있기 때문에 전체적으로 볼 때 인건비가 차지하는 비율이 굉장히 높을 수밖에 없는 것이다.
최저임금인상이 일시적으로는 약간의 여유를 부릴 수 있을지 모르나 장기적으로 보면 모든 사람들이 임금인상분을 각 개인이 고스란히 짊어져야 하는 것이다.
자본과 노력을 들여 사업을 하는 사람들이 무슨 도덕군자도 아니고 봉사하려 아니면 손해 보려고 사업하는 사람은 없다.
세상에 세 가지 거짓말이 있다 했다.
"시집 안 가겠다!"는 처녀의 말
"죽고 싶다!"는 노인의 말
"손해보고 판다!"는 상인의 말
국가공무원들이 봉급인상에 목을 매달고 국회의원들이 세비인상에 목매는 것도 같은 이유가 아닐까 싶다.

봉급인상을 마다하며 희생과 봉사정신으로 근무하는 직장인들은 없다.
근로자는 선이요 사업가는 악이란 이분법적인 사고방식으로 편을 갈라 누구에게 득이 된다는 말인가?
최저임금인상의 여파로 직장을 잃은 사람들이 겪을 아픔을 생각이나 해보았는지 묻고 싶다.
노태우 정권 당시,
택시노조가 극렬하게 투쟁했다.
노조는 사납금제 폐지와 요금인상 그리고 운전자들에 대한 처우개선을 강력하게 요구했다.
나는 그때도 운전자들에게 말한 적이 있다.
"여러분들이 요구하는 급여인상은 생산성향상으로 급여를 더 받을 수 있도록 해야 하는 것이지 막연하게 급여인상을 이야기하면 사회 전 분야의 임금인상분을 결국 여러분들이 부담하게 됩니다. 지금 당장은 기분이 좋을 겁니다. 그러나 그 기분 좋은 상황은 일시적이요 다른 모든 분야에서 발생한 임금인상분에 대한 부담은 영원하다 해도 틀리지 않을 겁니다.

만약 노조에서 임금인상으로 일백 원의 즐거움을 얻는다면 다른 분야의 임금인상으로 감당해야 할 부담은 일천 원이 될지 일만 원이 될지 알 수 없습니다.

이제는 노동운동도 무작정 임금인상과 복지환경개선 등만 요구할 것이 아니라 합리적이고 이성적으로 접근해 실질적인 이익을 쟁취하려고 해야 합니다."라고...

냉정하게 생각해보라!

명목상의 맹목적인 최저임금인상은 최저수준의 임금을 받는 근로자들에게는 독약이 될 수 있음을 잊어서는 안 된다.

가계와 재정은 소비주체 일뿐, 생산주체인 기업만이 생산적인 일자리를 창출할 수 있다.

기업을 천하의 역적 취급하면서 일자리는 정부에서 창출하겠다고 말하는데 과연 말이 된다고 생각하는지 그 저의가 무척 의심스럽다.

베네수엘라는 석유라는 부존자원이 엄청나게 묻혀있는데도 불구하고 국민들의 요구라는 명목으로 재정을 정부 지도자들 멋대로 운영하다 국가재정을 파탄 내었다.

국가재정이 파탄나면 그 고통은 국민들이 고스란히 짊어져야 한다.

일자리수석이란 사람도 큰 소리 떵떵 치다 자신이 한 말에 책임을 져야 할 시점이 다가오자 자의인지 타의인지는 모르겠지만 소리 소문 없이 사라져버렸다.

통계로 아무리 짜 맞추어 보아도 자신이 한 약속을 지킬 수 없다는 것을 알고 떠났다면 국민들에게 한 마디라도 하고 떠나는 것이 도리가 아닐까?

청와대 일자리수석이란 자리가 한 개인의 영달을 위한 자리인지 국가와 국민에 봉사하는 자리인지 묻고 싶다.

일자리창출과 생산성향상을 통한 임금상승이 가장 확실한 임금인상 효과를 가져 올 수 있는 유일한 길이다.

최저임금을 3년 내에 1만 원 수준으로 올리겠다.

문대통령 공약사항이다.

그러니 모든 수단과 방법을 총동원해 공약을 지킬 수 있도록 해야 한다?

아마 소득주도성장이란 대명제를 내세웠으니 최저임금

인상은 절대적으로 필요하다고 생각했을 것이다.
최저임금제가 실질적으로 효과를 나타내려면 재화와 용역의 가격이 안정 내지는 동결되어야 한다.
우리나라가 공산주의 국가라면 모를까?
자유민주주의와 시장경제체제 하에서는 절대로 불가능한 일이다.
최저임금 인상을 시행한지 불과 일 년도 안 돼 부작용이 발생했다.
그런대도 불구하고 억지로 밀어붙이니 2년이 지난 올해에는 거의 동결수준(정부의 입장에서)으로 최저임금이 확정된 것 아닌가?
그래도 잘못 된 점을 인정하지 않으면 국민적인 저항에 부딪칠 수밖에 없다.

셋째 탈 원전 정책
이승만 대통령이 미국에서 제공해주기를 거부한 실험용 원자로를 읍소와 읍소를 거듭한 끝에 1958년 겨우 미국의 원조로 소형 원자로를 도입하며 원자력원을 설립했다.

1970년 고리1호기 건설로 우리나라 상업용 원자력발전 사업이 개시되었다.

지금도 수십 기의 원자력발전소가 가동되고 있고 아랍에미레이트에 원자력발전소를 수출하는 쾌거도 이루었다.

미국이 트리마일발전소 사고로 원전발전에 소홀했고 프랑스와 일본은 높은 건설단가 문제로 원전수출에 어려움을 겪고 있는 동안 우리나라는 최고기술로 한국형 표준원자로를 완성했다.

그런데 고용효과가 크고 연관 기술발전에도 크게 기여할 수 있는 원자력발전 산업을 중단해서 얻는 게 무엇이 있을까?

누가 탈 원전정책을 제안했는지 그 사람 얼굴을 한번 보고 싶다.

문대통령 취임직후 한 대학교수가 방송에 출연해서 한 말이 있다.

"내가 문 후보에게 탈 원전정책의 필요성을 말했더니 이튿날 바로 후보의 공약사항으로 발표 되더라."

미국의 트리마일 원자력발전소 사고나 특히 (구)쏘련의

체르노빌 원자력발전소 사고의 경우 전 유럽이 방사능 공포에 떨었을 때도 우리는 멀리 있어서 그랬는지 별 동요가 없었다.

일본의 후꾸시마 원자력발전소의 사고는 원자력발전소 자체의 문제 때문에 발생한 것이 아니라 지진 이후에 발생한 쓰나미로 인해 원자로 냉각에 쓰이는 전기를 생산할 발전기가 물에 잠겨 발생한 사고일 뿐이다.

다행스럽게도 원자력발전소 사고 이후에도 편서풍의 영향으로 우리나라에는 방사능 물질에 의한 직접적인 영향을 받지 않고 있다.

프랑스와 영국 그리고 독일 등의 나라가 대한민국이 원자력발전 산업을 중단할 경우 중국과 러시아 등 공산주의 국가에서 원자력 산업을 독식할 우려가 있으니 한국이 원자력 산업을 계속해줄 것을 요청했다는 기사도 실렸다.

우리에게 절호의 기회였다.

그러나 그 기회를 우리 스스로 발로 찼다.

언제 국민들이 대통령에게 원자력발전 중단을 국민이나

국회의 동의 없이 마음대로 결정할 수 있는 권한을 주었던가?

우리나라가 가진 세계최고의 기술력을 스스로 말살시키려는 의도가 무엇인지 감도 잡히지 않는다.

우리가 환경보호와 민중의 안전을 위해 원자력발전소 건설을 중단한다면 동쪽해안(황해연안)지역에 백 여기에 가까운 원자력발전소 건설을 준비하고 있는 중국에도 우리의 우려를 강력하게 전해야 되는 것 아닐까?

그런데 중국에는 일언반구 말 한 마디 제대로 하지 못하고 있다.

그 이유는 무엇인가 궁금하지 않을 수 없다.

특히 중국에서는 부족한 전력사정에 대비하여 황해쪽에 대형 원자력 발전함(發電艦)까지 건조하겠다는데도 말이다.

만약에 중국에서 일본 후꾸시마 발전소의 경우와 같은 사고가 발생하면 편서풍의 영향으로 중국본토보다 우리나라가 훨씬 많은 피해를 입을 텐데 어찌 넋 놓고 강 건너 불구경하듯 말 한 마디도 못하는 것인지?

후꾸시마 발전소 사고이후 가장 먼저 탈 원전정책을 펼쳤던 독일에서도 전기료상승과 화석연료 사용으로 인한 대기오염 그리고 신재생에너지의 한계점 등을 들어 다시 원자력발전의 재가동을 준비하고 있다는 소식도 들린다.

인간이 고안하거나 창안한 것 중에 완전하거나 완벽한 것은 없고 또 다른 문제를 야기하지 않는 것은 없다.

문제가 발생하면 그 문제점을 해결하기 위한 방안을 찾으면 된다.

지금까지 인류가 당면했던 모든 문제들이 그렇게 해서 해결되었고 또 해결하려고 노력하고 있다.

우라늄을 사용할 때 보다 방사능으로 인한 환경훼손이 훨씬 적은 토륨을 원료로 사용하는 원자로 개발을 위해 많은 나라가 노력하고 있다는 기사도 읽은 적이 있다.

우리나라는 부존자원이 거의 없는 나라이다.

1960년대에는 우리나라 수출품 중 수출액 1위가 중석이었다.

그야말로 효자 상품이었다.

그런데 지금은 어떤가?

중석조차 매장량이 고갈되어 지금은 겨우 명맥만 유지하고 있는 실정이다.

석유는 물론이고 고품질의 유연탄과 LNG는 전량 수입에 의존하고 있음을 어찌 모른다는 말인가?

우리가 가진 가장 유용한 자산은 바로 사람이다.

유능하고 영리한 그리고 강인한 체력과 기질을 가진 우리 국민들의 장점 아니 강점을 최대한 활용하는 것이 바로 우리가 강대국으로 존속할 수 있는 유일한 길이요, 가장 빠른 지름길이다.

넷째 신재생에너지 정책

신재생에너지라 해서 하늘에서 뚝 떨어지는 것이 아니다.

풍력발전소를 짓기 위해서는 대형 기계장비가 필수적이다.

그런 기계와 장비를 생산하는데도 에너지가 필수적으로 소비된다.

태양광발전 페널을 생산하는데도 많은 에너지가 소비된다.

신재생에너지를 생산하기 위한 기계나 장비를 생산하는데 필수적으로 사용되는 에너지 생산에도 거의 대부분 화석연료가 사용된다.
신재생에너지 자체는 이산화탄소 배출이 거의 없다.
그러나 신재생에너지를 생산하기 위한 시설을 구축하거나 기계장비를 생산하는 데는 이산화탄소를 배출하는 화석연료가 필연적으로 사용될 수밖에 없다.

특히 태양광발전에는 대규모 토지가 꼭 필요하다.
지난 해(2018년) 전라남도 해남일대를 둘러볼 기회가 있었다.
우리나라가 국토의 70% 정도가 산지인 것을 모르는 국민은 없을 것이다.
그렇지 않아도 농지가 부족한 상태인데 알토란같은 논밭을 태양광설비로 뒤덮는다.
말이 된다고 여기는 사람이 과연 국민중에 몇이나 될까?
태양광발전도 필요하다.
중요하다.

그러나 태양광발전만으로 모든 전기소비를 감당하기는 역부족이다.

미국의 사막지대나 중국의 사막지대 혹은 몽골이나 티베트 등 농사를 지을 수 없는 사막이나 불모지 등이 자연적으로 존재하는 나라에는 태양광발전 설비를 갖추어도 별다른 문제가 발생하지 않을 수 있을 것이다.

그러나 우리나라의 경우. 그렇지 않아도 부족한 농경지까지 잠식해가면서 태양광 발전설비를 설치한다면 식량 무기화를 걱정하는 이 시대에 과연 합당한 방안일까 심히 걱정스럽다.

자유한국당의 최연혜의원이 시간을 들여 독일의 태양광발전 실태를 전반적으로 둘러보고 그 현황에 관한 보고서를 작성한 적이 있다.

나랏돈으로 출장 가 작성한 보고서이니 정부 유관기관에서도 그 보고서를 입수해 보았을 것으로 짐작되지만 전문가들이 걱정하듯 태양광 설비의 가동 가능한 기간이 끝났을 때의 폐기물 처리문제 등에 관해 심사숙고해야 할 텐데 이런 것이 바로 졸속 행정의 전형이 아닐까 한다.

우리나라에는 천연자원이 거의 없다.

그런대로 조금 있다고 했던 석탄도 연료문제를 해결하기 위해 연탄을 많이 사용한 결과 석탄탄광이 거의 바닥을 들어냈다.

우리는 석유 한 방울 생산되지 않는 나라다.

고질의 유연탄이나 양질의 LNG 모두 외국에서 수입해야 한다.

지금 이 시점(2019년 7월)에도 호르무즈 해협에서 미국과 영국 그리고 이란 간에 유조선을 압류하느니 마느니 갈등이 고조되고 있다.

이런 상황에서 갈등이 심화되어 석유나 LNG 수급에 문제가 발생하면 우리가 할 수 있는 유일한 대책은 전기 없이 고생하는 것밖에 없다.

다섯째 위안부 할머니와 강제징용근로자들

위안부 할머니들 이야기를 좀 할까 한다.

솔직히 말해서 해방 이후, 위안부 할머니들의 안타까운 심정과 상황을 조금이라도 염두에 둔 사람이 있었는가?

없었다.

위안부로 많은 부녀자들이 끌려갔다는 사실을 아는 사람도 그리 많지 않았다.

어릴 적 내가 살던 동네에 위안부 출신 할머니 두 분이 계셨다.

지금은 할머니라 편하게 말하지만 그 당시에는 40세도 안 된 젊은 분들이셨다.

한일협정이 체결 된 이후 정부에서 위안부 할머니들에게 보상을 하겠다고 공고를 냈었다.

(김종필 전 총리의 회고록에도 그 내용이 기록되어 있다.)

나의 어머님께서 신문에 난 내용을 들려주며 한 분에게 보상신청을 해보라고 권유했다.

그 말을 듣고 그 아주머니께서 길길이 뛰면서 나의 어머님께 큰소리로 퍼부어댔다.

"내가 지금 어떤 지경으로 살고 있는지 아는 사람이 어찌 그런 권유를 하느냐?

지금의 내 남편이 친정에서도 쫓겨나 갈 곳 없는 나를 받아준 것은 한없이 고마운 일이기는 하나 술만 마시면 정신대 출신이라고 욕하고 때리는 모습을 보지 않았느냐?
그리고 만약 내가 보상신청을 하면 관청에서 내가 하는 말을 믿어주겠느냐?
사실관계를 확인한다고 야단법석을 떨 텐데 그렇게 되면 겨우 숨죽이며 살고 있는 나에게도 문제가 발생하겠지만 어렴풋이 눈치를 채고 있을 우리 아이들이 겪을 아픔에 대해 생각이나 해보았느냐?
남의 일이라고 그렇게 쉽게 말하면 안 된다."
평소에는 기가 죽어 말도 조용하게만 했던 분이 그렇게 화를 크게 내는 모습을 처음 보았다.
그때서야 나도 정신대의 존재에 대해 알게 되었다.
그 후 나이가 들면서 주위 사람들에게 정신대의 존재에 대해 물었다.
그런데 불행하게도 정신대의 실체에 대해 알고 있는 사람이 거의 없었다.
국내에 거주하던 분들 중에 어느 한 사람도 "내가 정신대 출신이요" 하고 나선 사람은 없었다.
그만큼 자신을 숨기며 살았다.

2차 세계대전 이후 미군정하에 있던 오끼나와가 일본에 반환되었다.

버마에 위안부로 끌려갔다 오끼나와로 귀환한 우리 교민 한 분이 일본정부에서 요구하는 호적이 없어 추방될 위기에 처하자 국내의 요로에 도움을 청했다.

그것이 지금 우리 사회에서 큰 문제로 대두된 위안부 할머니 문제의 출발이었다.

박근혜 정권 당시 한일 양국이 서둘러 협의해 설립한 화해치유재단이 해체되었다.

우리 국민들이 참담한 고통을 겪게 했던 과거의 그 수많은 기세등등했던 정치지도자들은 도대체 어디로 갔을까?

과거 문제를 현재의 기준으로 판단해서는 안 된다.

인권에 관한 문제를 정치적인 문제로 비화시켜서는 안 된다.

정부가 개입해서도 안 된다.

우리의 문제는 우리 내부에서 해결하는 것이 가장 합당하다.

그동안 우리가 언제 그 분들의 아픔에 대해 관심이나 가지기나 했는지 스스로 반성해야 한다.

일본에 강제로 징용당해 갖은 고초를 겪은 징용피해자 문제도 마찬가지다.
우리 정부가 좀 더 적극적인 정책을 펼쳐 피해자들의 쓰라린 심정을 어루만져 주려는 생각이 있었다면 지금의 상황이 연출되지 않았을 것이다.
그분들이 원하는 것이 돈뿐이었을까?
아니다!
평생의 한을 풀고 억울한 마음을 풀고 싶었을 것이다.
법원의 독립적인 판단에 대해 행정부로서는 그 법원의 판결을 왈가왈부 할 수 없다.
국내문제의 경우 그런 논리가 합당할 수 있다.
그런데 국제적인 문제를 국내법 운운하며 고집 부리듯 해서 어떻게 상대방을 설득시킬 수 있을 것인가?
우리나라가 당사자인 강제징용 당했던 분들의 심정을 이해하려 적극적으로 움직이지 않고 오로지 법률이 어떠니

선례가 있느니 마느니 하면서 외면한 결과가 아닐까 생각된다.
(정치 지도자들과 공무원들의 무책임함과 아주 나쁜 복지부동 형태의 전형이라 생각된다.)
이 문제 역시 나라를 빼앗겨 국민들의 고통 속으로 빠트린 우리가 먼저 참회하고 두 번 다시 같은 일들이 반복되지 않도록 절치부심해서 누구도 감히 넘보지 못할 정도로 강력한 국가를 건설해야 한다.
외교부 장관이란 사람이 국회에 출석해서 답변했다.
"일본이 우리나라에 대해 금수조치를 취한다면 우리도 가만히 있을 수 없는 것 아니냐?"
며칠 후, 일본이 반도체 생산에 투입되는 아주 중요한 물질에 대해 금수조치를 취했다.
문대통령도 이에 강력대응을 말했다.
우리가 그렇게 주장한다고 해서 겁먹을 나라는 없다.
단기필마로 적진에 침투해 대승을 거둔다.
참으로 아름다운 그림 같다.
말로만!!!

우리나라의 외교가 실종되었다.
외교무대는 총성 없는 전장이라 했다.
그 전장에 우리는 실탄은 고사하고 총조차 가지지 않고 출전한 것 같다.
그러니 외교전에서 백전백패!

여섯째 한반도 통일
남북통일은 온 국민의 숙원이다.
그러나 나라가 분단된 것이 우리가 원해서 남북으로 분단된 것이 아니듯 통일 또한 우리가 원한다고 되는 것이 아니다.
지정학적이라는 말은 나도 싫지만 현재 우리나라가 처한 상황에서는 지정학적이라는 말을 쓰지 않을 수 없다.
미국만 태평양을 기운데 두고 멀리 떨어져 있지 중국과 러시아는 강 하나를 사이에 두고 국경을 맞대고 있고 일본은 호수와 같은 동해를 사이에 두고 마주보고 있다.
러일전쟁 당시 일본과 러시아가 북위 38도선을 경계로 하여 한반도를 두 나라가 분할해서 차지하려는 협상을 했었다는 글을 읽고 깜짝 놀랐다.

엄연히 국가로 존재하고 있는데 주변나라들이 모의하여 우리나라 운명을 좌지우지 하려 했다는 것에 분노하지 않는다면 나라도 아니다.

그런데 조선 말 대한제국 초기의 우리가 그랬다.

우리가 얼마나 우습게 보였으면 그랬을까?

기가 찰 노릇이다.

그런데 문대통령은 소위 운전자론을 내세워 남북통일을 꼭 성사시키겠다고 결심한 모양이다.

독일통일이 독일이 주도해서 이루어진 것인가?

아니면 주변정세가 변해서 통일이 될 수 있는 바탕이 먼저 마련되었던 것인가?

주변정세도 바뀌었지만 동시에 주변강국들의 동의가 있었기에 독일의 통일이 가능했다.

우리나라 통일에 있어 우리가 할 수 있는 역할이 많지 않음은 세 살짜리 아이라도 알 수 있을 것이다.

지금은 통일을 위한 운전자가 아니라 통일이라는 자동차의 조수석에도 앉지 못하고 있다.

통일은 꼭 달성해야 한다!

그러나 통일을 달성하기 위해서는 사전 정지작업부터 철저하게 실행해야 한다.

사전 정지작업이 철저하지 하지 않으면 언젠가는 사상누각처럼 무너질 수밖에 없다.

목표를 명확하게 설정한 후, 끝없이 인고하며 기다려야 한다.

큰 목표를 이루기 위해서는 감안하고 감내해야 할 일이 한둘이 아닐 것이다.

내가 보기에 문대통령의 문제는 통일을 원대한 목표로 삼지 않고 꼭 맞추어야하는 과녁으로 설정한 것이 아닌가 생각된다.

과녁을 단번에 명중시키기가 어렵다.

과녁이 작으면 작을수록 과녁을 명중시킬 확률이 적고 확률이 적으면 적을수록 조바심이 날 수밖에 없다.

조바심이 나기 시작하면 급하게 서두르게 된다.

돌다리도 두드려 보고 건너라 했다.

대통령의 확고한 의지는 꼭 필요하다.

그러나 대통령이라 해도 한 개인의 의지만으로 이루어질 수 있는 일은 그다지 많지 않다.
통일이 민족의 염원이요 지고지상의 소원이라면 만인의 지혜를 모으고 온 국민의 힘을 결집해야 한다.

일곱째 언어의 유희(遊戱); 말장난
"기회는 평등할 것이고 과정은 공정하고 결과는 정의로울 것입니다."
문대통령이 즐겨 사용하는 말이다.
일반시민들은 무엇인지는 확실하지 않지만 왠지 듣기 좋고 기분이 좋아지는 말이라 생각한다.
"인권"이란 단어만 사용해도 그가 국민들을 위해서 대단한 활동을 하는 것처럼 느껴진다.
말과 글은 우리 인간들이 살아가는데 꼭 필요한 의사교환수단인 것만은 틀림없다.
그러나 말과 글이 우리 인간의 모든 생각이나 사상을 완벽하게 표현하기에는 부족한 점도 굉장히 많다.
특히 관념적이고 추상적인 언어는 말하는 사람에 따라

뜻이 다르고 듣는 사람에 따라 각기 달리 이해할 수 있어 잘못 사용하면 충분한 의사교환이 아니라 오히려 갈등과 오해를 불러일으키는 경우도 대단히 많다.

"평등"과 "공정" 그리고 "정의"라는 말의 개념을 완벽하게 정의내릴 수 있는 사람은 없다.

이 세상에 인간이 존재하면서 언어가 나타난 것이지 언어가 존재하면서 인간이 나타난 것은 아니지 않는가?

사용하는 사람에 따라 다르고 지역에 따라서도 달리 사용될 수 있고 시대에 따라서도 달리 사용될 수 있으니 확실하게 이 말의 뜻은 이렇다 하고 주장할 수 없는 것이다.

"인간은 만물의 영장이다!"

인간만이 두 손을 이용하고 자연을 개조할 수 있는 능력이 있다고 판단해서 인간 스스로가 만물의 영장이라 한다고 한들 인간이 만물의 영장이 되는 것은 아니다.

과학이 발달하면 할수록 동물이나 식물이 우리 인간보다 훨씬 능력을 가진 부분이 많다고 알려지고 있다.

그런데 어찌 인간이 만물의 영장이다 하고 주장할 수 있겠는가?

개가 웃고 소가 웃을 일이다.

"나는 생각한다. 고로 존재한다!"

서양의 데카르트라는 철학자가 한 말이다.

이와 비슷한 말을 한 사람들이 한둘이 아니다.

그러데 우리는 다른 모든 사람들이 한 말은 제외하거나 인식하지 못하면서 데카르트 등 몇몇 철학자라는 사람들이 한 말을 무슨 금과옥조처럼 입에 달고 있다.

페미니스트들이 주장하는 성 평등 또한 개념이 애매모호해서 말을 하는 사람들과 말을 듣는 사람들 간에 오해와 곡해가 발생해서 갈등을 유발시키기도 한다.

청구영언에 실린 시의 구절 하나가 생각난다.

"말로써 말 많으니 말을 말까 하노라."

"말 한 마디로 천 냥 빚도 갚는다."

"세치 혀를 조심해라."

미사여구(美辭麗句)로 꾸민 말의 성찬이 결국에는 나 자신을 향하는 욕의 성찬이 될 수 있음을 기억해야 한다.

4
결론

우리나라 대통령들은 국민들을 진정으로 존중하는 마음이 없다.

대통령이 될 준비도 하지 않은 상태에서 대통령이 되겠다고 했으니 당선 이후의 계획이 있을 리가 없다.

국가통치에 꼭 필요한 대통령학(사회전반에 대한 이해)을 공부하지 않았다.

예전으로 치면 제왕학도 공부하지 않은 일개 평민이 대

통령이 되었으니 시야가 넓으면 얼마나 넓겠는가?
당(唐)나라와 송(宋)나라의 쇠망사를 보면 장자상속 원칙에 따라 나이어리고 철없는 왕자가 왕권을 물려받은 것이 결정적인 쇠망의 원인이었음을 알 수 있다.
우리나라 대통령들도 집권에만 온 정신을 다 쏟았으니 세상살이에 필요한 모든 분야에 대해 배우고 익힐 시간적 여유도 없었을 것이다.
시간적인 여유를 갖지 못했다기보다 배워야 할 필요성도 느끼지 못했을지도 모른다.
"정권만 잡으면 만사형통…"
꿈도 야무졌다.
사람은 자신이 경험해보지 않은 것은 상상도 하지 못한다 했다.
게다가 구시대 즉 전제군주 시대의 사고방식에서 벗어나지 못했다.
백성은 나라와 대왕을 위해 존재하는 것이라 생각하고 명령만하면 일사분란하게 움직여야 되는 하찮은 존재라 여긴 것은 아닐까?

아무리 복잡한 퍼즐이라도 밑그림만 확실하면 어렵고 힘든 경우가 있을지라도 언젠가는 그 퍼즐은 완성할 수 있다.
그러나 만약 퍼즐에 밑그림이 확실하지 않으면 그 퍼즐은 제대로 완성될 수가 없다.
우리나라 정치인들이 가진 가장 근본적이고 기본적인 잘못은 밑그림 없이 퍼즐을 짜 맞추려 했다는 점이다.
정치에 대한 기본개념조차 정립하지 못한 상황에서 정치한다고 야단법석을 떨었으니 옳은 정치는 처음부터 기대난망이 아니었을까?
정치는 국가와 국민을 위한 봉사요 희생이다.
특히 우리나라의 경우 대통령은 임기5년 동안 국정운영의 권한을 위임받은 한시적인 직책이란 사실을 잊어버린다.
국민들 역시 전제군주주의 당시의 사고의 틀에서 벗어나지 못했다.
대통령을 비롯한 권력기관의 횡포에 대해 감시하고 감독할 능력도 갖추지 않았고 그럴 생각도 하지 않았다.

국민들이 정치에 대해 무지하고 관심도 가지고 있지 않앟으니 정치인들이 국민을 무시하기 시작했다.

그러니 정치권력을 가진 자 옆에는 정치 모리배들만 득실거렸다.

정치 모리배들이 기승을 부리면 그 이면에서는 꼭 협잡과 사기가 횡횡하게 된다.

그런 일련의 행위들에 소용되는 모든 비용이 국민들이 낸 혈세지 그냥 하늘에서 뚝 떨어지는 것은 아니다.

지금 당장 내 주머니에서 나가지 않는다고 강 건너 불 보듯 바라보고 있다가는 낭패스러운 일을 당하게 될 것이다.

이제는 우리 국민들도 정치에 관심을 가지고 정치를 바라보아야 하고 정치인들의 정책과 언행을 판단해야한다.

그래서 국민들도 정치에 대해 공부해야한다.

대통령을 비롯한 정치인들은 국민들의 심부름꾼 그 이상도 아니고 그 이하도 아니다.

그들도 어리석은 사람 중의 한 사람일 뿐이다.

5
외국의 지도자는?

외국의 지도자라 해도 특별한 재능을 가지지는 않았을 것이다.
수천년 역사에서 우리가 영웅이라 부르는 인물은 많이있다.
그러나 시대가 다르고 풍토가 다른 외국의 지도자를 말해서 뭣하겠느냐 싶지만 우리나라가 서구식 정치경험이 일천한 탓에 좋은 지도자를 양성할 기회가 거의 없었다.
후계자를 양성하려는 정신적인 지도자도 없었으니 내세

울만한 모범적인 지도자를 볼 수도 없었다.
그래서 안타깝지만 외국의 지도자중에 내가 보기에 좋아 보이는 몇몇을 기록해 보려한다.

1) 프랑스 드골 대통령

나폴레옹이 조국인 프랑스에서는 대단한 지도자로 칭송받고 있는 것이 아니라 오히려 욕을 듣고 있단다.
그것은 프랑스대혁명을 거슬러 왕정을 복고시킨 장본인이라 그런 것 같다.
그런데 역사적으로 보면 비록 나폴레옹이 워털루에서 영국의 웰링턴 장군에게 패배했지만 그 전에는 유럽을 거의 다 석권한 적도 있었다.
하지만 그 후 프랑스는 프로이센과의 보불전쟁에서 패배했다.
독일의 황제가 바르세이유궁에서 독일제국을 선포했다.
완전한 패배를 맛보았다.

1차 세계대전에서도 비록 승전국으로 대우는 받았지만 실질적으로 프랑스는 독일에 패배했다.
연합국과 합동작전으로 파리를 수복했던 것이다.
2차 세계대전에서도 파리를 빼앗기고 독일의 괴뢰정권인 비쉬 정권이 탄생했다.
이즈음에 드골 대령이 영국의 런던으로 피신하여 망명정부를 세웠다.
독일패망 이후 프랑스로 돌아와 임시정부의 총리를 역임했다.
(여기서 내가 말하고 싶은 점은 프랑스가 대혁명 이후 한 번도 전쟁에서 단독으로 승리한 적이 없다는 사실이다.)
드골은 위대한 프랑스를 외치면서 핵무기개발과 나토탈퇴 등 미국에 대한 의존 일변도에서 벗어나 독자노선을 추구했다.
1959년에 대통령에 취임, 1969년 퇴임했다.
퇴임한 이유도 1969년 4월, 지방제도와 상원의 개혁에 대한 결정을 국민투표를 붙이며 만약 국민들의 동의를 받지 못하면 대통령직을 사임하겠다고 배수진을 쳤으나 결국 선거에서 패배하여 국민들에 대한 약속을 지키기 위해 사임한 것이다.

그의 평전에 따르면 그는 국민들이 자신의 깊은 뜻을 몰라 자신을 내칠지도 모른다고 걱정을 하면서도 "위대한 프랑스를 건설하기 위해서는 어쩔 수 없다."라고 말했다.

드골 대통령이 위대한 프랑스 건설을 위해 그가 한 업적으로는

* **고속철도 TGV의 연구 개발과 실용화**
* **에어버스(Air Bus)사 설립**
* **유로 스페이스(Euro Space) 설립**
* **파스테르 연구소 설립**
* **독일 프랑스 화해 협력 조약 체결 등이다.**

물론 누구나 완벽할 수는 없다.

우리가 사람을 평가할 때 가장 조심스럽게 대해야 하는 것이 바로 현재의 잣대로 과거를 재단하는 것이다.

그래도 마지막 순간에 개인적인 욕심을 버리고 국민 대

다수의 뜻에 따라 움직였기에 국민 통합을 이루어 낸 것이 아닐까 싶다.

그의 장기적인 정책 수립계획과 실천이 없었다면 지금의 프랑스가 과연 존재할 수 있었을까?

궁금해진다.

물론 다른 사람이 대통령직을 수행했을 때 전혀 변화와 발전이 없었을 것이라고는 단정 지어 말할 수는 없다.

그러나 그가 가진 혜안은 높이 평가 받아야 마땅하다.

죽은 이후에도 한적한 고향마을에 안장되기를 바랐고 묘비에 이름과 출생년도 그리고 사망한 년도만 기록해 달라 부탁했다는 사실에 나의 마음이 처연해진다.

2) 프로이센의 비스마르크

1차 세계대전 직전의 유럽정세에 대해 기술한 책을 얼마 전에 보았다.

책의 제목이 몽유병자들(저자: Christopher Clark 영국),

1차 세계대전 직전의 유럽 상황을 한 개인이나 한 국가의 문제로 접근하지 않고 전체적으로 관망한 내용이다.
어느 나라도 특별하게 전쟁을 일으키려는 의도가 없었는데도 불구하고 1차 세계대전이라는 큰 전쟁이 발발한 것은 각국의 지도자들이 자국의 이익이나 당장 눈앞의 이익 챙기기에만 급급했고 상호간에 신뢰구축이 되지 않았기 때문이었다.
그러나 복잡한 유럽의 정세에 대해 거의 무관심했다라고 이 책에서는 설명하고 있다.
그래서 그 당시 정치인들을 몽유병자라 표현한 것이다.
어떤 사람은 이렇게 가정했다.
"만약 비스마르크가 프로이센의 재상으로 계속 재직했다면 1차 세계대전은 일어나지 않았을 지도 모른다."
그만큼 비스마르크의 외교역량이 뛰어났다는 말이다.
프로이센이 나폴레옹의 프랑스군에 참패하고 나서 패전 원인을 면밀히 분석한 결과, 과학과 산업 특히 중공업의 낙후 때문이라 결론짓고 국력을 총동원해 교육과 산업시설 확충에 전력을 집중했다.

그래서 독일국민들은 자신들을 정신 차리게 해준 나폴레옹에 대해 오히려 깊은 존경심을 표하고 있다는 말도 있다. 지금까지 독일 산업에 있어 중추적인 역할을 하고 있는 거대기업들이 그 당시에 태동했다는 사실도 잊어서는 안 된다.

그 결과, 패전 후 불과 30여년 만에 프로이센은 프랑스와의 보불전쟁에서 대승을 거두었다.

정년제와 연금제 그리고 의료보험제 등의 사회복지정책의 골격을 비스마르크가 마련했다.

보수주의 정치가인 비스마르크가 사회 안정을 위해 복지국가의 틀을 만들었다는 사실을 염두에 두어야 한다.

일본의 이토 히로부미(伊藤博文)가 프랑스 육군을 배우려 한 달간 프랑스에 체류했다.

귀국길에 독일에 들러 비스마르크 수상을 만나 지리적, 문화적인 그리고 군사적인 면에 대한 조언을 듣고 그 자리에서 프랑스 보다 독일을 배워야겠다고 작심했다는 말도 전해진다.

1차 세계대전 패배 후 바이마르공화국이 건립되고도 그

기조를 놓치지 않고 계속 유지 계승하였기에 지금도 독일이 교육과 과학분야 특히 산업분야에서 독보적이 존재로 군림할 수 있는 게 아닌가 생각된다.

정권은 바뀌었으나 국가와 국민을 위한 정책기조는 바꾸지 않은 독일정치인들을 본받아야 마땅할 것이다.

패전이라는 화(禍)를 화(禍)로만 보지 않고 전화위복의 계기로 삼은 독일국민 특히 정치인들의 높은 안목이 부럽지 않은가?

그런데 과연 우리는 화(禍)를 전화위복의 계기로 삼으려는 지혜를 왜 갖추지 못했을까?

와신상담(臥薪嘗膽)!

실패에서 교훈을 얻었을 때의 그 실패는 가치 있는 실패일 수 있다.

그러나 교훈을 얻지 못하는 실패는 상처만 남는 그냥 실패일 뿐이다.

과거 없는 현재 없고 현재 없는 미래도 있을 수 없다.

선견지명을 가진 철혈재상(鐵血宰相) 비스마르크를 존경한다.

3) 영국의 대처 수상

영국병이 한창이던 1979년에 대처 여사가 영국의 총리로 선출되었다.

영국병이란?
1. 국민들이 일은 적게 하고 혜택은 많이 누리려는 현상
2. 공무원은 많이 늘리고 일자리는 줄어드는 현상
3. 노동자는 천국이고 기업가는 지옥처럼 느껴지는 현상
4. 학생은 마음껏 행동할 수 있고 교사는 아무 것도 누리지 못하는 기이한 현상

   (지금 우리나라 현실과 똑 같다고 생각한다)

영국은 이미 1976년에 I.M.F의 지원을 받았다.
I.M.F 지원을 받았다는 말을 다른 말로 표현하면 빚을 내서 살았다는 말이다.
빚을 내서 연명하고 있다면 당연히 빚을 갚을 생각을 해야 되고 빚을 갚으려면 내핍생활을 해야 된다.

빚내서 살아가는 사람이 예전의 습관대로 먹고 마시며 즐기고 논다면 언제 그 빚을 다 갚을 수 있겠는가?

빚이 눈덩이처럼 불어날 것이다.

대처 수상은 노조 중 가장 강성인 탄광노조가 파업을 일으켰을 때에 기마경찰을 투입해서 진압했는데 그 과정에서 노조원들뿐만 아니라 경찰도 많이 부상을 당했다.

노조원들이 수상관저로 몰려와 폭력진압에 대해 사과할 것을 요구했다.

그때 대처 수상이 한 말이 정말 압권이다.

"내가 기마경찰을 투입한 것에 대해서는 사과한다.

그러나 다음에도 이런 상황이 발생하면 그때는 기마경찰이 아니라 탱크부대를 투입하겠다!"

그런 면에서 대처 수상은 철권여성이라 불렸지만 여성이기 이전에 한 사람의 위대한 지도자라 칭송받아 마땅한 인물이다.

그녀는 시민들을 위해 주옥같은 글을 많이 남겼다.

그 글 중에 하나를 옮겨보겠다.

"가장 만족스러웠던 날을 생각해보라!

그 날은 아무 것도 하지 않고
편히 쉬기만 한 날이 아니라,
할 일이 태산이었는데도
결국은 그 일을 모두 해낸 날이다."
국가통치의 기본이념은 국리민복과 국태민안이다.
국리민복이나 국태민안이라는 **뼈대**위에 어떤 색깔의 옷을 입힐 것이냐가 바로 각 정당이 추구하는 정강 정책이 되어야 하는데 작금의 정치는 국리민복 혹은 국태민안이라는 **뼈대**는 없이 정당의 정강 정책만 강조되니 올바른 정치가 이루어질 수 없는 것이다.
1982년 어느 날, 사우디 현장에서 만난 영국인 친구들이 한 말이 생각난다.
"대처수상이 있어 우리나라의 앞날은 분명히 밝게 펼쳐질 것이다."
믿고 따를 수 있는 지도자를 가진 국민은 행복한 국민이다.
새삼스럽게 대처 수상의 지도력에 감탄할 뿐이다.
브렉시트 문제로 골치를 앓고 있는 지금의 영국에 대해 대처 수상은 무엇이라 말 할지...

4) 리콴유(李光耀) 싱가포르 수상초대

싱가포르는 다른 국가와 달리 싱가포르가 원해서 독립한 것이 아니었다.

싱가포르는 말레이 반도 끝에 있는 작은 섬이다.

복잡한 인적구성과 활개 치는 공산반군 등으로 말레이시아와 합병하려던 싱가포르 정부의 계획과는 달리 말레이시아 정부에서 싱가포르를 말레이시아연방에서 제외시켜 울며 겨자 먹는 식으로 독립을 할 수 밖에 없어 독립한 것일 뿐이다.

말레이시아로부터 버려진 자식이라 할까?

1965년 8월 9일 독립선언일,

초대수상인 리콴유 씨가 분리 독립에 관한 기자회견을 갖다 격한 감정을 이기지 못하고 눈물을 쏟으며 20여분 동안 가지회견이 중단될 정도로 싱가포르에는 충격적인 일이었다.

그러나 지금의 싱가포르를 보라!

만약 그때 리콴유라는 사람이 없었다면 지금의 싱가포르

는 존재하지 못했을 것이다.

다른 나라에서는 독재국가 운운했지만 땅도 좁고 부존자원도 없는 싱가포르 입장에서는 나라를 존속시키기 위한 최후의 발버둥이 아니었나 생각된다.

지금은 작지만 세계일류 국가로 대접받고 있으니 우리가 본받아야 할 점이 많다.

지도자 한 사람의 큰 식견이 나라에 얼마나 영향을 크게 미치는지 알 수 있는 좋은 본보기가 아닐까 싶다.

그는 이런 말도 했다.

"지도자를 잘못 만나면 첫 임기에는 정권이 망하고 둘째 임기에는 나라가 망한다."

"수상이 되어 국가건설의 책임자로써 잘하려 한 것은 네 가지였다.

첫째는 외교, 둘째는 국방, 셋째는 치안 그리고 넷째는 가장 어려운 경제 즉 국민을 잘 먹여 살리는 일이다. 넷째가 바로 정부의 역할이다."

참으로 간결하면서도 정곡을 찌르는 말들이다.

5) 등소평(鄧小平)

소년 시절 프랑스로 유학을 떠났다는데 사실은 유학이 아니라 부족한 프랑스 노동력을 보충하기 위한 파견 근로자였다.
프랑스에서 노동운동과 사회주의를 배웠다.
프랑스의 공산당 탄압 때문에 쏘련으로 옮겼다.
쏘련의 모스크바 중산대학에서 수학(受學), 유학 시절 중국공산당 당원이 되었다.
1966년 권력의 누수를 걱정한 마오가 유발한 문화대혁명 때 일차로 실권했다 1973년 부총리로 복권했으나 1976년 다시 실각했다.
여러 번의 실각과 복직을 기적적으로 반복했다 해서 "오뚜기" 혹은 "부도옹(不倒翁)"이라는 별명으로 불리기도 했다.
마오쩌뚱 사후 다시 복권되어 마지막으로는 중국 공산당 중앙군사위원회 주석을 역임했다.
대약진 운동과 문화대혁명의 여파로 피폐해질 대로 피폐해진 경제를 회복시키기 위해 검은 고양이든 흰 고양이든 쥐만 잘 잡으면 된다는 소위 흑묘백묘론(黑猫白猫論)을 주창했다.

또 마오쩌뚱 사후 그에 대한 평가가 분분할 때 공칠과삼(功七過三)을 말하여 일시에 국론의 분열을 방지했다.

마오쩌뚱의 선동적인 경제건설 방식을 버리고 서구제국의 경제계획과 조정 메카니즘을 본 따 실용성을 강조했다.

쏘련의 미하일 고르바쵸프와 거의 동시에 개혁 개방정책을 실시했지만 하향식 접근방법을 택한 고르바쵸프와 대조되는 등소평의 상향식 접근방식이 훨씬 효율적이었다는 경제학자들의 평가를 받았다.

또 농업의 현대화, 공업의 현대화, 국방의 현대화 그리고 과학기술의 현대화를 추진하여 현재의 중국 국가발전의 기틀을 마련했다.

*위에 거론 한 외국의 정치지도자들은 하나같이 개인적인 이념이나 취향에 따라 정치를 한 것이 아니라 국태민안 국리민복을 우선한 정치를 펼쳤기에 확고하게 국가의 기틀을 마련했다는 공통점이 있다.

6) 나라를 망친 지도자들

남미의 지도자들 중에 부존자원이 풍부하고 국토도 광활한데도 불구하고 국민들을 빈곤이 구렁텅이로 빠트린 지도자가 많이 있다.
아르헨티나의 페론주의자들,
쿠바의 카스트로,
베네수엘라의 우고 차베스 등등
이런 사람들의 공통적인 특징은 젊은 시절 사회주의에 심취했다 정권을 잡은 사람들이다.
그리고 자신들이 신봉하는 사상과 이념으로 국가를 통치하려 했다는 공통점이 있다.

6
민족 도약의 길

우리 정치지도자들은 말만 하면,
"우리 민족은 다른 나라를 침공한 적이 없다."
"오랫동안 이민족의 침략으로 고통 받았던 민족이다."
"평화를 사랑하는 백의민족이다."
"학문을 숭상하고 예의범절에 엄격하다."
"동방예의지국이다." 등등
그걸 무슨 자랑이라고 한두 해도 아니고 무슨 일만 생기면 전가의 보도처럼 휘두르는지 모르겠다.

왜 우리는 포르투갈이나 스페인, 네덜란드나 영국처럼 세계 최강국이 되어 보겠다는 의지를 가지면 안 되는 것인가?

만주지역에 널려있는 우리 선조들의 족적을 생각하면 가슴에 피가 끓고 눈물이 앞을 가린다. 비록 기억하기도 싫은 아픈 역사로 인한 것이기는 하지만 세계 4대강국이라는 미국과 일본 그리고 중국과 러시아에도 많은 교민들이 살고 있다.

불행한 과거이지만 6.25동란 때 우리를 도와주려다 수많은 병사들을 잃은 우방국들과 좀 더 돈독한 관계를 유지해야 할 절대적인 필요성에 대해 얼마나 인식하고 있는지 지금의 상황을 보면 참으로 개탄스럽다.

그렇다고 바보처럼 삼국통일을 할 때 신라가 주역이 아니고 고구려가 주역이었다면 우리 강토가 얼마나 광활했을 것인가 하는 등의 터무니없는 소리는 그만 하자.

북한의 핵도 우리나라가 통일만 되면 그 역시 우리 자산 아니냐 하는 미친 것 같은 소리도 그만하자.

"한국에서 민주주의가 정착한다는 것은 쓰레기통에서 장미가 꽃 피우기를 기다리는 것 같은 기적을 기다리는 것과 마찬가지다!"
어느 영국 종군기자가 한 말이다.
얼마나 나라 사정이 열악했으면 그런 소리까지 들었을까?
예전에는 독일 라인강의 기적을 우리가 얼마나 부러워했던가?
그런데 그런 우리나라가 한강의 기적을 이루었다.
라인강의 기적보다 더한 한강의 기적을 이루어낸 우리다.
국민소득 3만 달러
연간 무역규모 1조 달러
인구 5천만 명에 수출 5,000억 달러 이상 달성!
이제는 당당함과 동시에 여유로움도 가질 때가 되었다.
아직도 개발도상국 지위 운운하며 구차하게 굴 일이 아니다.
우리가 개발도상국 지위 운운한다고 다른 나라들이 우리 입장을 이해해 줄 것이라 여기는지 참으로 안타깝고 답답하다.

그러나 내가 볼 때는 고박정희 전 대통령이 우리에게 물려준 꾀주머니가 이제는 텅텅 비어버린 듯하다.

새로운 지혜로 무장하여 앞으로 나아가지 않으면 정체되고 어느 순간 몰락의 길로 들어설 수밖에 없다.

그러면 우리가 앞으로 나아갈 때 무엇으로 무장해야하겠는가?

우리가 가진 자산이라고는 사람 밖에 없다.

영리한 두뇌,

강건한 체질과 체력,

불같은 열정,

우리의 모든 장점들을 충분히 활용해서 얻은 지식과 문화로 무장해서 앞으로 나아간다면 우리나라는 틀림없이 새 역사의 주역이 될 것이다.

물리적인 강소국이 아니라 정신적인 강대국이 되는 것이 우리가 살 길이다.

우리가 가진 문제점을 하나하나 찾아서 해결방안을 찾아보도록 하자.

1) 정치 분야

정치란 무엇인가?
내가 생각할 때는 이 세상 그 어떤 사람도 정치란 이런 것이다 하고 말 할 수 없다.
왜냐하면?
정치를 어떤 사람이 고안했거나 창안해서 정치라 한 것이 아니며 사람들이 어울려 살다보니 집단이 형성되었고 집단이 형성되니 자연스럽게 그 집단을 이끄는 사람과 조직이 형성되었다. 그렇게 세월이 흐르다보니 집단을 이끌고 다스리기 위한 모든 행위를 정치라고 규정하게 되었을 뿐이다.
즉 사람의 생활이 먼저고 정치는 그 이후에 발생한 개념이다.
그러니 어느 누가 정치란 이런 것이다 하고 단정지을 수 있을 것인가?
공자는 정자정야(政者正也)라고 말했지만 정(正)이라는 말이 얼마나 보편타당성을 가지고 있는지에 대해서는 일언반구 언급이 없다.

사고체계가 다르고 접근방식이 다른 서구와 동양을 모두 아우르는 정치의 개념을 어떻게 정의하는 것이 옳을까?

나는 정치는 국가와 국민에 대한 희생과 봉사라 표현하려 한다.

서양식 표현대로 하면 노블레스 오블리주(noblesse oblige)가 아닐까?

동서양을 막론하고 고위층이 사회적 신분과 대우에 상응하는 도덕적 책무를 다하지 않았을 때는 꼭 극렬한 대중적 반대에 직면했었다.

우리나라의 경우 서구민주주의 제도를 받아들인 지 불과 몇 십 년도 되지 않는다.

그러니 시행과정에 여러 가지 불협화음이 발생하는 것이 어쩌면 당연한 현상일지도 모른다.

그러나 내가 생각하기에 더 큰 문제는 우리가 그런 문제에 대해 깊이 고민하고 고뇌해서 우리만의 길을 찾으려는 어떤 노력도 하지 않았다는 것이다.

우리나라가 현대정치 형태를 받아들인 것은 인정하기 싫

지만 일제식민지배 이후이다.

36년간 일제의 지배를 받으면서 우리는 정치적인 면에서 어떤 훈련도 받지 못했고 연습도 하지 못했다.

일본을 통해 들어온 독일식 민주주의 혹은 정치제도만 받아들였지 우리나라 고유의 정치제도나 통치철학은 없었다.

해방이후의 정치지도자 거의 대부분이 일본식으로 정치교육을 받았으니 자신도 미처 깨닫기 전에 이미 우리나라에서 일본식정치를 하고 있었다는 것이다.

이승만 초대대통령을 비롯한 극히 적은 일부가 미국이나 프랑스 등에서 교육받은 분들도 계시지만 극히 일부에 지나지 않았고 그런 분들 역시 대부분의 교육은 일본식으로 받았기 때문에 영미식 정치제도를 한국에 뿌리내리는 데는 한계가 있었을 것이다.

그 외의 거의 대부분은 일본에서 혹은 일본식교육을 받은 분들이라 한국 정치제도나 체계는 일본식제도나 체계를 답습했다고 해도 과언이 아니다.

그렇게 세월을 보내면서도 우리만의 혹은 우리식의 정치

제도나 체계를 확립해야겠다는 의지가 별로 없었다.

의지가 없었으니 앞으로 나아갈 방향설정도 전혀 하지 않았다.

방향설정을 하지 않았으니 물결치는 대로 바람부는 대로 흔들리는 것과 마찬가지로 눈앞에 닥친 업무처리에 급급할 수밖에 없었다.

몇 걸음 나아가다보면 우리가 어디로 가고 있으며 그리했을 때 얻을 수 있는 성과는 무엇인지 짐작도 못하고 지나가버린다.

내가 좋아하는 우리말이 있다.

"넘나든다!"

과거가 있어 현재가 있고 현재가 있어 미래가 존재할 수 있다.

그래서 우리는 항상 과거와 현재 그리고 미래를 항상 넘나들어 시대의 큰 흐름을 붙잡아야 한다.

그 흐름선상에서 볼 때 크게 흔들리는 부분은 무엇이고 잘못되어가고 있는 부분은 무엇인지 검증하고 또 검증해야 하는데 우리는 그 과정을 놓쳐버렸다.

그래서 스스로 혼란의 구렁텅이에 빠져 정신을 차리지 못하고 있다.

자동차를 운전하거나 직진보행 시 꼭 명심해야 할 원칙이 있다.

"시선은 상방 15도로 멀리 보고 목표점을 향해서 가라. 그래야 흔들리지 않는다.

발끝만 쳐다보면 흐름을 놓쳐 옆길로 빠지게 된다."

정치의 경우도 마찬가지라 생각한다.

정치는 국가와 국민에 대한 희생과 봉사라 했다.

희생과 봉사를 실천하기 위해서는 대전제가 있어야 하는데 나는 그 대전제를 "국리민복과 국태민안"으로 삼아야 한다고 생각한다.

국리민복과 국태민안을 구현하기 위한 수단과 방법으로 여러 사람들이 말한 사상이나 이념이 필요한 것이지 어느 특정사상과 이념으로 국리민복과 국태민안을 이룬다는 것은 원천적으로 불가능하다.

왜냐?

대단한 사상이나 이념을 개발했다고 자랑했던 혹은 추앙

받던 그 사람들 역시 어리석은 인간의 굴레를 벗어날 수 없기 때문이다.
그리고 우리가 잘못 생각하고 있는 것이 있다.
정치는 정치인들만 하는 것으로 오해하고 있었다.
지금도 그렇다.
정치가 우리 삶에 영향을 미치지 않는 곳이 없다.
선거에 참여해서 투표하는 것만이 우리가 유일하게 할 수 있는 정치수단이 아니다.
정치인들의 잘 잘못을 가려내 그들을 꾸짖고 나무라고 국민들의 눈과 귀를 두렵다고 여기게 만들어야 한다.
정치의 두 가지 중요한 역할은,

첫째는 입법행위다.
입법행위를 하는 곳이 국회요 입법행위를 하는 사람이 국회의원이다.
그런데 입법행위를 하는 사람이 정치에 대한 기본인식도 없고 정치를 펼칠 때 국민들이 살아가야할 현실에 대한 인식이 부족하니 옳은 정치가 이루어 질 수 없다.

지금 우리 국회는 법률지식을 생계수단으로 삼아왔던 어리석은 사람들이 법률전문 국회의원이라는 이름으로 행세하고 있다.

법원이나 검찰 혹은 경찰에 근무한 경력이 있으면 검찰 경찰분야에 뛰어난 국회의원인 것처럼 행세한다.

다른 분야의 전문가라는 사람들도 대동소이한 경우가 아닐까 싶다.

특정분야에서 경험을 쌓았다고 정치를 잘 아는 것도 아니고 정치를 잘 할 수 있는 것도 아니다.

게다가 국회의원들은 책임지고 일을 하려하는 모습도 보이지 않는다.

그들은 탄핵만 받지 않으면 임기를 채울 수 있고 임기 중에 행했던 모든 행위에 대해 특권을 즐기고 있을 뿐이다.

정부 입법으로 법률안을 국회에 제출하려면 여러 경로를 거쳐야 한다.

행정부 관리들이 그런 경로를 거쳐야 할 때 겪을 갖은 귀찮은 일을 피하기 위해 국회의원들과 한 통속이 되어 우회입법의 수단으로 의원입법을 많이 이용한다는 소문이 사실이 아니기를 바란다.

둘째는 법률의 집행이다.
법률 집행에 있어 기본원칙은 법의 질서가 확립되어야 한다.
법의 질서가 확립되기 위해서는 먼저 권력과 권한을 가진 자들이 솔선수범해야 한다.
행정부 뿐 아니라 사법부도 법률을 집행하는 업무를 맡고 있는데 과연 그들이 모든 업무를 공평무사하게 집행하고 있는지는 우리국민 모두가 고개를 갸우뚱거릴 수밖에 없는 게 현실이다.
유전무죄, 무전유죄라는 말이 괜히 나왔을까 생각해보라!
법의 판단기준이 상대에 따라 또는 상황에 따라 달리 적용된다면 누가 그 법의 집행을 신뢰할 수 있겠는가?
법률을 집행하는 공무원들이 과연 국리민복, 국태민안이라는 대 전제를 염두에 두고나 있는지 궁금하다.
미국의 경우는 판사가 법과 양심에 따라 판단하라 했고

독일의 경우에는 법에 따라 판단하라 했다.

이런 경우가 독일식과 영미식의 차이인데 별것 아닌 것 같지만 내가 보기에는 이런 차이가 바로 근본적인 차이가 아닐까 생각한다.

국민을 위해 주변의 눈치를 살피지 말고 마음껏 봉사하라는 의미에서 실시된 직업 공무원제가 본래의 취지를 성실하게 견지하고 있는지 한 번 더 생각해보야 할 때가 되었다.

특별한 잘못이 없으면 정년이 보장되고 정년 후에는 연금까지 확보할 수 있는 좋고 편안한 직장으로만 생각하고 있는 공무원들이 얼마나 많을지 궁금하다.

그리고는 인맥과 학연 그리고 지연을 통해 개인의 영달만을 위해 고군분투하는 모습을 우리는 주위에서 많이 볼 수 있다.

우리 국민들도 정치에 관심을 갖고 공부를 해야 한다.

정치를 모르는 사람에게 정치를 맡겨놓아서야 어찌 나라 정치가 바로 설 수 있을 것인가? 정치를 맡겨놓고 국민늘이 감시 감독하지 않으면 누가 감시 감독을 해야 하는가?

정치는 희생과 봉사정신으로 무장된 사람들이 해야 한다.
그러나 희생과 봉사정신으로 무장되었다고 꼭 옳은 정치를 펼칠 수 있는 것은 아니다.
민초들의 삶을 알아야하고 민초들이 움직이는 모든 것에 대한 이해와 인식이 있어야 한다.
한 마디로, 박학다식하며 희생과 봉사정신으로 무장되어 있는 사람이 진정한 정치인이 되어야 한다는 말이다.
박학다식으로도 부족하다.
인성이 도야된 사람이 정치를 해야 한다.
그래서 정치인이 되고 싶고 정치지도자가 되고자 하는 사람은 어릴 때부터 자신의 관리에 철저해야하고 주변관리에 엄격해야 한다.

적폐청산이 이 시대의 화두가 되어있다.
무엇을 적폐라 하는가?
현 정부에서는 적폐를 잘못 인식하고 있다.(다른 정권도 마찬가지다)
"오랫동안 쌓이고 쌓여온 폐단"(사전적 의미)

멀리는 조선조부터 우리 생각과 생활을 지배해온 유교사상과 성리학 그리고 소중화 사상이라는 것 등이 우리의 발목을 붙잡고 있는 적폐다.

절대왕조시대나 농경시대에나 실천이 가능할만한 삼강오륜(三綱五倫)이나 여성들을 옭아매고 있는 칠거지악(七去之惡)과 삼종지도(三從之道)가 적폐다.

남아선호(男兒選好)사상이나 적서차별(嫡庶差別)등도 적폐다.

아직도 나이 많은 노인네가 같이 늙어가는 자식들에게 차 조심해라 물 조심해라 하고 말하는 것도 사실 적폐라면 큰 적폐다.

과거를 현재의 잣대로 재단하는 것도 적폐다.

동시에 현재를 과거의 잣대로 재단하는 것 역시 꼭 버려야 할 적폐다.

사농공상(士農工商)이라 글공부를 최고라 치고 상업과 공업을 등한시하는 생각들이 가장 큰 적폐다.

그런데 요즈음에는 농자천하지대본이라 했던 농업까지 천시하고 있다.

우리는 우리 자신도 미처 알지 못하는 그런 적폐 속에 함몰되어있다.

공자의 사상이나 철학이 잘못되었다고는 생각하지 않는다.

다만, 이 시대와는 걸맞지 않은 사상이라 생각한다.

옛 사상과 이념에 붙들리면 한 걸음도 앞으로 나아가지 못한다.

시대가 바뀌었는데 어째서 우리는 2,500년 전의 공자 가르침에 매달려야 하는가?

일제 식민지시대를 겪으면서 우리의 피부에 스며든 더 큰 적폐는 상의하달과 명령복종이라는 이상한 풍조다.

예전에 우리 선조들은 자신의 주장을 굽히지 않으려 목숨까지 버리는 경우가 허다했다.

지조가 있었다.

지금은 그런 지조와 절개는 찾아보려 해도 찾을 수가 없다.

지금의 현실은 어떤가?

일본식 면종복배(面從腹背),

일본식 조직 우선주의,

일제 당시 임의동행이라는 명목으로 얼마나 많은 국민들이 고통을 받았는지 기억해보라.
그 임의동행이 적폐요 구속수사가 관행이라는 행태가 바로 적폐다.
우리는 헌법에 보장된 무죄추정의 원칙을 지키려는 의지가 있는가?
사전 입법예고제도 있으나마나 한 것 같다.
과연 공무원들이 입법을 예고해서 이해당사자들의 의견을 들으려 제도를 만든 것인지 그냥 남들이 하니 우리도 뒤떨어졌다는 소리가 듣기 거북해 요식행위로 만들어 놓은 것인지 분명하지 않다.
헌법정신을 훼손하면서까지 구속수사에 매달리는 것은 어떻게 생각해야 할까?
어느 곳 하나 일본식 사고방식이 물들지 않은 곳이 없는데 과연 위정자들이 이런 부분에 대해 심각하게 고민이나 해보았는지 의문스럽다.
하지 않았을 것이다.
해보려 하지도 않았을 것이다.

여러 가지 이유나 핑계를 대면서, 관행이요 법률로 규정되어 있기에 어쩔 수 없다고 말하는 것이 적폐요 규제다.
우리나라에 서구식 민주주의가 도입되고 시행된 역사가 그리 오래되지 않았다.
그러니 당연히 서구식 정치제도의 역사도 일천할 수밖에 없다.
그동안 많은 시행착오를 겪었다.
지금까지 우리는 시행착오를 겪으면서도 시행착오인지 몰랐다.
이제는 서구식 정치제도의 틀에서 벗어나 우리만의 고유한 정치제도를 확립해야 할 시점이 오지 않았나 생각한다.
아니 생각하는 정도가 아니라 행동해야 할 시점이다.

2) 교육 분야

교육은 백년지대계(百年之大計)라
지금 여기서 말하고자 하는 교육은 옛날 서당식 교육까

지 포함한 교육이 아니라 서구식 교육을 말 한다.
"역사에는 가정이 없다."
"지나간 과거는 되돌릴 수 없다."
만고의 철칙(鐵則)이다.
예외없는 원칙은 없다. 그러나 철칙에는 예외가 없다.
순간의 선택이 얼마나 중요한지 알면 매 순간 올바른 선택하기 위해서는 많이 보고 듣고 배워 시야를 넓혀야 한다 .
시야를 넓히려면 많이 보고 듣고 배워야 하는데 그러기에는 절대적인 시간의 한계와 물리적인 한계에 부딪치게 된다.
그런 절대적인 한계를 극복하기 위해서는 높은 안목을 가져야 한다.
높은 안목을 가지려면 우리 인간보다 훨씬 높은 경지에 도달해있는 그런 존재들의 도움을 받아야 한다.

높은 경지에 도달해있는 존재라는 것은 여러분들이 찾고 또 찾아야 할 존재이다.

일본은 명치유신 이후, 이토 히로부미(伊藤博文)가 유럽으로 시찰 갔다 독일의 교육 실태를 보고 교육의 중요성을 절감해서 바로 대학을 설립했다.

또 일본에서는 외국시찰단 내지는 기술연수단을 보낼 때 고위직 간부들도 보냈지만 항상 하위직 기술자 혹은 기능인들도 같이 보내 짧게는 2~3년 길게는 7년까지 체류하면서 기술을 배워오도록 했다.

그래서 일본은 기초기술을 충분히 습득할 수 있었다.

그런데 우리나라는 불행하게도 실질적으로 기술을 배워야 할 기능인들을 보내지 않고 고위직 인사들만 보냈다.

그때까지도 우리는 몇몇을 제외하고는 그저 사서삼경, 성리학 등 명분에만 집착했다.

학교라고는 있었지만 실질적인 교육보다는 명분을 중시한 교육이었을 뿐이다.

(물론 외국어 교육기관이 있었기는 했다.)

그러다 청일전쟁과 노일전쟁의 등의 소용돌이에 빠져 정신을 차리지도 못한 상황에서 1910년 을사보호조약이란 이름으로 나라의 국권을 빼앗겼다.

그때부터 우리는 근 40여 년간 우리의 정신도 빼앗겼다.
정신을 송두리 채 빼앗겼으니 교육인들 빼앗기지 않을 수 있었을까?
해방 이후에도 우리의 독창적인 아니면 독립적인 교육정책은 없었다.
소학교를 초등학교로(국민학교로), 5년제 중학교를 3년제 중학교와 3년제 고등학교로 명칭만 달리 했을 뿐이다.
교육을 직접 가르치는 교사도 일본식 교육을 받았던 사람들이고 교육행정을 담당했던 교육공무원들 역시 일본식 행정만 배웠던 사람들이기 때문에 교과과정이 달라지거나 교육행정이 달라질 리가 없었다.
말들은 많이 한다.
학교교육을 실수요자인 학생들의 입장에서 생각하고 처리하자고...
그러나 현실은 어떤가?
실수요자인 학생들을 위한 교육은 없고 교사를 위한, 교육 행정가들을 위한 교육만 존재한다.
돈은 우리가 살아가는데 필요한 수단으로서는 꼭 필요하

지만 인생의 목적이 될 수는 없다.

교육도 마찬가지다.

교육을 받으려 사는 것은 아니다.

그러나 우리가 잘 살기위해서라도 교육(생각하기에 따라 달리 해석할 수 있겠지만)은 꼭 필요하다.

그러나 지금 우리는 국, 영, 수 등의 교육 그 자체에만 함몰되어 있다.

이전에는 학생들이 다양한 형태의 교육방법을 제공받았다.

상업계, 공업계 그리고 수산계와 해양계 고등학교 그리고 농업계 등을 이수하고 바로 직업전선에 투입되었다.

도제식 교육 또한 비인간적인 교육방식으로 매도(?)되어 거의 사라져 버렸다.

박정희 대통령 재임 시에는 "공업입국"이 최우선이라며 5년제 공업전문학교를 많이 설립했다.

기능인과 기술자들 사이의 중간매개 역할도 하고 기능인들도 기술자로 발돋움 할 수 있는 사다리를 놓아주려는 배려였다.

그러나 학교를 신설할 자금이 부족하고 하여 시골에서 자라 교육의 기회를 갖지 못한 어린 학생들에게 일하며 배울 수 있는 기회를 주고자 많은 공장에 새마을학교를 설립하였다.

주경야독(晝耕夜讀)!
크게 표시는 나지 않지만 그 분들의 공로는 절대로 과소평가해서는 안 된다.
콘크리트에 자갈이 들어가지 않으면 그 콘크리트는 오래 견디지 못 한다.
콘크리트 속의 자갈과 철근 역할을 그 분들이 해냈다.
그러다가 박정희 대통령의 시해사건으로 인해 그동안 나름대로 견지되었던 교육철학이 한 순간에 무너져 버렸다.
5공화국이 들어서고 난 이후 교육정책이 갑자기 미국식 교육일변도로 변해 버렸다.
전인교육, 평생교육이란 말이 유행이 되었다.
지금도 곳곳에 평생교육원이라고 간판이 달려있다.

교육행정의 수장이라는 사람의 말 한 마디에 국가의 교육행정 체계 뿐 아니라 교육내용도 막 바뀌어 버렸다
교육의 당사자인 학생들은 물론 학부모도 이해가 안 되는 경우가 허다했다.
그렇다면 우리가 놓친 근본과 기본은 무엇일까?
바로 교육이 추구해야 하는 본질을 놓친 것 이다.
교육을 받는 가장 큰 이유는 세상을 살면서 상호소통의 폭을 넓힐 수 있고 상대방이 의견을 충분히 듣고 소화시켜 신뢰를 확고하게 구축하려는 것이었는데, 우리는 목표를 놓쳐버리고 교육 그 자체에 발이 묶여 버렸다.
교육내용도 예전에 사서삼경을 외우듯 국어, 영어, 수학 등 입시에 영향을 크게 끼치는 과목만 중시했다.
각 개인의 본성에 대한 이해가 전혀 없었을 뿐 아니라 이해하려는 의지도 없었다.
내가 이렇게 말하면 부모나 교가들 중에 반론을 제기할 사람도 있을 것이다.
IQ 검사 혹은 EQ 검사 그리고 적성검사 등 여러 가지 방법을 써서 개인적인 특성을 발휘할 수 있도록 노력했다고...

맞는 말이다.

그러나 틀린 말이다.

각 개인의 본성은 학습적 이론이나 원리, 원칙만으로 설명할 수 있는 것이 아니다.

장기간에 걸쳐 집중적으로 관찰하고 대화하며, 각자가 자신의 본성을 찾으려는 노력이 절실히 요구된다.

외국의 아이들이나 청소년들을 보면 우리가 보기에는 당차다 싶을 정도로 자신의 의견을 명확하고 자신 있게 표현하고 있다.

그런데 우리 청소년들은 어떤가?

전달해야 하는 것들에 대한 인식이 부족하고 사용가능한 어휘에 한계를 느끼는지 말을 할 때 머뭇거리며 정확하게 자신의 뜻을 표현하지 못 한다.

논술을 잘 작성하려면 책과 신문을 많이 읽어 상당한 지식과 경험이 쌓여야 한다.

논술고사의 진정한 의의와 목적은 놓쳐버리고 여러 시험 과목 중의 하나 정도로 취급해서 무슨 효과를 볼 곳이라 생각했는지 알 길이 없다.

논술과외만 성행했다.

자기소개서(역시 과외를 받는다 한다)도 마찬가지다.

왜 자기소개서를 요구하는지?

자기소개서를 쓰기 위해 어떤 준비가 필요한지?

자기소개서는 어떻게 작성하는지?

일러주는 사람도 없고 이끌어주는 사람도 없다.

실상이 그러하니 이제는 자기소개서 쓰는 것도 과외를 받아야하는 처지가 되었다.

우리 아이들이나 청소년들의 일상을 한번 들여다보자.

아침에 일어나서 등교하고 수업이 끝나 하교하면 바로 보습학원에 가서 또 공부한다.

늦은 시간에게 집에 들어와 씻고 잠자기 바쁘다.

(그리고 시간이 날 때 마다 게임 삼매경에 빠진다.)

휴일이나 공휴일은 물론 방학 때에도 보습학원에 다니는 청소년들이 얼마나 많은가?

그렇게 생활하며 성장한 청소년들에 무슨 스토리가 있을 것이라고 인생에는 스토리가 있어야 한다고 강조한다.

강조해봐야 소귀에 경 읽기(牛耳讀經)다.

얼마 전에 취업하겠다는 사람이 제출한 자기소개서를 보고 깜짝 놀랐다.
"저는 비록 경제적으로는 넉넉지 않은 가정에서 태어났지만 자상한 어머님과 엄한 아버님 밑에서...(중략)
학교에서는 충실히 수업을 받았고 개인 공부도 매일 거르지 않고 열심히 했습니다 등등"
어찌 40년도 더 전에 내가 썼던 자기소개서와 똑 같을까?
그간 우리 교육이 얼마나 비현실적이고 막연했었는지 한탄을 금치 못하겠다.
"교육이 우리 삶의 목적이 될 수는 없다.
그러나 우리가 살아가는 데는 꼭 필요한 것이 교육이다."
우리의 교육은 주객이 전도된 채 목적과 동기를 상실해 버렸다.
수능시험을 위한 교육, 대학입학을 위한 교육으로 전락된 우리 교육의 모습이 우리를 슬프게 한다.
교육평준화!
누가 어떤 소신을 갖고 교육평준화를 외쳤는지 모르겠으

나 진정으로 교육평준화가 실현 가능하다고 생각하는지 묻고 싶다.

내가 보기에는 절대 불가능한 구호일 따름이다.

왜냐하면?

교육이라는 말과 평준화라는 말에 대한 개념조차 확실하게 정립되어있지 않았기 때문이다.

개념조차 명확하게 규명되지 않은 "교육"과 "평준화"를 아무리 외쳐도 귀에 걸면 귀걸이요, 코에 걸면 코걸이라는 식의 막연한 구실만 나열될 것이 뻔하기 때문이다.

청소년들에게 진로지도를 해주는 자리에 있는 분들은 세상만사 두루두루 잘 알아야 한다.

진로 지도해주는 사람이 세상을 모르고 세상일을 모르는데 어찌 진정한 진로지도가 될 것인가?

지도자는 한 분야에만 전문적인 지식이나 경험을 가져서는 충분하지 않고 소위 말하는 Generalist여야 한다.

사람은 각양각색의 특기를 가지고 있다.

두뇌 회전이 빠른 사람,

손재주가 좋은 사람,
운동능력이 뛰어난 사람,
예술적 상상력이 풍부한 사람,
아주 작은 디테일에 강한 사람,
디테일 보다는 큰 그림을 잘 그리는 사람...

개인의 특기나 특성을 찾아내려 부단하게 관찰하고 서로 의견을 나누어야 한다.
부모나 선배격인 성인들이 청소년들의 생각을 이해하려는 의지가 있어야 하고 동시에 이해하려고 노력해야 한다.
농경시대와 달리 현대는 하루를 자고나도 변한다고 할 만큼 급변하고 있다.
비록 부모와 선생이 청소년들과 같은 시간에 같은 장소에 있는 것은 사실이지만 지금까지 살아온 과정이 모두 다르고 앞으로 살아갈 방향과 목표도 모두 다르다.
그래서 부모나 선생이 청소년들을 이끌겠다는 생각보다는 청소년들이 제 갈 길을 스스로 헤쳐나갈 수 있는 능력을 함양시켜주는 것이 옳다고 생각한다.

백년도 더 된 교수방법으로 지금의 청소년들을 지도하려는 어리석은 사고방식은 버려야 한다.

얽혀있는 실타래를 풀려고 아무리 애를 써도 그 실타래를 풀어서 사용하기 어렵다.

그런 경우 실타래의 가운데 부분을 과감하게 잘라서 쓸 수 있는 것은 쓰고 쓸 수 없는 것은 버리는 것이 훨씬 효과적이고 경제적이다.

물론 몽땅 다 버리고 새 것을 사용하는 편이 가장 효과적이고 간단하겠지만 사람들의 심정과 관계된 일이라 그렇게 할 수도 없지 않은가?

우리 교육의 현실을 한 마디로 표현해보자.

교육행정을 담당하는 교육공무원들이 교육에 대해 잘 알지 못 한다.

학생들을 가르치는 교사나 교수 역시 교육의 근본적인 문제점에 대한 인식이 부족하다.

배우는 학생들 역시 왜 교육을 받아야하는지, 교육을 받은 이후 어떻게 활용하고 사용할 것인지에 대한 인식이 너무 부족하다.

내가 보기에는 인식이 부족한 정도가 아니라 아예 모르고 있다고 보는 게 타당한 것 같은데 더 큰 문제는 무엇이 문제인지를 모르는 사람들이 잘 알고 있다고 착각하고 있다는 것이다.

또 자신들은 문제 해결방안도 가지고 있으나 주위의 협조가 없어 실행하지 못하고 있을 뿐이라고 착각하고 있다는 점이다.

우리 교육이 총체적 난국에 빠졌다.

무지하면서도 자식에 대한 욕심만 부린 부모들이 우리 교육을 망쳤다.

교사로서 제 역할을 하지 않고 자리보전에만 급급했던 교사들이 우리 교육을 망쳤다.

연구하지 않고 새로운 길을 개척하지 않고 게으름만 피운 교수들이 우리 교육을 망쳤다.

교육행정을 담당한다면서 진정한 교육에 대해 고뇌하고 고민하지 않은 교육 행정가들이 우리 교육을 망쳤다.

학생들이 편협한 사고방식을 가지게끔 교육한 모든 이들

이 반성하고 참회해야 한다.
호랑이 굴에 잡혀가도 정신만 차리면 된다 했다.
이제 우리가 정신 차려야 할 때다!
수렁에 빠졌을 때 조바심을 내면 낼수록 더 깊게 빠진다는 사실을 명심해야 한다.
우리교육은 지금 수렁에 빠져있다.
국(國), 영(英), 수(數)를 배우는 것만이 공부가 아니다.
산을 오르고 강을 건너고 들에서 뛰어놀면서 보고 듣고 배우는 것, 사람들과 부대끼며 살면서 보고 듣고 배우는 것 모두가 공부 아니고 무엇이라 말인가?
"고기를 잡아주지 말고 고기 잡는 방법을 가르쳐줘라."
이렇게 간단하면서도 명료한 교훈을 우리는 너무 쉽게 망각한다.

지금 이 순간에도 바른 교육을 안착시키려 고군분투하는 많은 관계자 여러분들의 노고에 심심한 사의를 표하고 싶다.

3) 법률 분야

우리나라 헌법은 1948년 7월 17일 공포되었다.
우리나라 헌법 제정 당시 분명히 미국헌법의 영향을 많이 받았을 것이다.
왜냐하면?
미국의 헌법(1787년)이 제정되기 전에는 성문법의 형태를 갖춘 헌법이 존재하지 않았기 때문이다.
그 이후, 프랑스에서도 헌법(1793년)을 제정했지만 그 역시 미국 헌법의 영향을 받은 것이라 생각한다.
미국헌법의 영향을 받아들일 때 그 사람들의 정신적인 자세나 철학을 배우면서 영향을 받아들였으면 좋았을 텐데 우리는 그들의 정신세계나 사상의 근저는 보지 못하고 겉만 보고 받아들인 게 아닌가?
무척이나 아쉽게 생각된다.
미국의 경우에는 소위 건국의 아버지라 존경받는 사람들이 오랜 기간 동안 고민하고 고뇌해서 얻어낸 결과가 헌법이다.

그리고 헌법제정에 결정적인 역할을 한 사람들이 상당기간 동안 나라의 지도자로서 역할을 했기에 헌법정신이 잘 지탱될 수 있었지 않았나 싶다.

그러나 우리나라의 경우 헌법제정 당시에 실무적인 역할을 한 사람들 중에 과연 몇이나 지도 계층에 편입되어 헌법정신을 지키기 위해 제 역할을 했었나 생각해볼 필요가 있다.

여기서부터 헌법이 제 자리를 잡지 못하고 지도자의 사상과 이념 그리고 현실이 괴리되기 시작한 것은 아닐까?

헌법은 국가 통치체제와 기본권보장의 기초에 관한 근본법규, 즉 실생활에 적용할 수 있는 모든 법률의 기본이 되는 법 위의 법이다.

헌법은 분명히 미국헌법의 영향을 받았는데 그 하위법률은 어디서 누구의 영향을 받았는가?

우리나라에 서구적인 법률체계가 실생활에 적용된 것은 (인정하기는 싫지만) 분명히 일제 강점기 때부터다.

그러니 모법인 헌법과 하위법률의 정신세계는 전혀 다를 수밖에 없었을 것이다.

근 40년간 일제지배를 받으면서 일본법의 영향을 받지 않았다는 말이 성립 되겠는가?

총무처 장관이던 이석재 씨의 글에 따르면 5.16혁명 이후 박정희 대통령의 명으로 기존법률에 대해 조사 연구해보았더니 일제 강점기시대의 법률을 국문화한다면서 몇몇 글자를 한글로 바꾸고 일본어에는 없는 토씨를 활용한 것뿐이라 했다.

그래서 많은 사람들을 동원해서 오랫동안 우리 현실에 맞게 바꾼다고 했는데 아직까지 미흡한 부분이 많이 남았다

그런 이유로 아직도 법률용어에는 우리가 일상적으로 사용하지 않는 단어가 많이 보인다. 우리나라 법률체계는 분명히 독일중심의 대륙식과 미국중심의 영미식이 혼재되어있음을 부정할 수 없다.

예를 들면 미국에서는 판사는 법률과 양심에 따라 판단하기를 바라고, 독일에서는 법률에 따라 판단하기를 바란다.

비록 "양심"이란 단어하나 차이지만 법률을 운용하거나

판단을 해야 할 경우 엄청난 차이가 나타날 수 있다.

법관들의 양심을 물질적으로 또는 수학적으로 계량할 수 있다는 말인가?

거기에 더해 우리나라는 조선조 때부터 우리 뇌리에 박혀있는 성리학적 개념이 또 다른 혼란을 일으키고 있다.

지금은 거의 헌법 불일치 판단으로 사문화되다시피 되었지만 동성동본 불혼제와 같은 경우 공자 정신의 발상지인 중국에서 조차 통용되지 않고 있었는데 유이(有二)하게 대만과 우리 한국만 법적으로 재제하고 있었으니 얼마나 우스운 일인가?

법률은 세상이 앞으로 나아갈 때 뒤에서 받쳐주는 역할에 그쳐야지 세상을 앞서서 이끌어주는 역할을 하려 하지 말아야 한다.

그런데 우리 법은 아직까지 교도주의적인 사고방식을 탈피하지 못하고 있다.

우리 법률이 귀에 걸면 귀걸이요 코에 걸면 코걸이라는 식의 비웃음을 사는 이유가 여기에 있다.

법을 지키지 않으면 범법자가 된다.

이 말을 달리 표현하면 국민들도 언젠가는 범죄자가 될 수 있다는 말이기도 하다.
법은 없는 것이 제일 좋다.
그래도 사회질서 유지차원에서 꼭 있어야 한다면 법률은 간단명료해야 한다.
법률이 복잡하면 복잡할수록 사악한 사람들이 사기나 협잡 등의 범죄를 저지를 소지가 크다.
따라서 법률을 집행하는 사람들은 인성을 확고하게 갖추어야 한다.
법 집행에 있어 공정해야 한다.
자그마한 권력을 쥐었다고 무소불위로 위세를 부려서는 절대 안 된다.
법률 집행 담당공무원들도 직업이 법률담당 공무원이지 일반인들과 같은 어리석은 한 사람일 뿐이다.
만인은 법 앞에 평등하다.
괜히 미국식 변호사제도를 도입해서 더 많은 혼란을 일으키는 것은 아닌지?
한마디로 표현하면 우리법체계는 심한 척추측만증에 걸

려 있다.

상위법과 하위법이 어울리지 않고 법과 사회(현실)가 유리되어 있다.

법과 사회가 유리되어 있으니 원활하게 순환되지 않는다.

사회의 안녕을 위한 질서유지가 법률의 기본목적이라면 법과 사회가 유리되어서는 절대로 안 된다.

법률이 너무 복잡하고 일반인들에게 알려지지 않아 어떤 법률이 존재하는지 알 수 없다.

관공서에 가보면 담당 공무원들조차 어떤 법이 존재하는지 또 어떻게 적용해야 하는지 모르는 경우가 많다.

담당자도 미처 몰랐기 때문에 허가를 해주었다가도 나중에 취소되거나 변경되는 경우도 빈번하게 발생한다.

규제혁파를 말하는데 가장 큰 규제는 바로 헌법이다.

그 다음의 규제가 법률이고 시행령과 시행세칙이 바로 국민들의 원성을 사는 규제다.

시행세칙 다음에도 행정지침이나 자치단체의 조례가 바로 규제이다.

그래서 법률을 포괄적으로 규정하는 포지티브를 극복하고 법률을 네가티브로 제정하자는 욕구가 터져 나오는 것이다.

헌법에 명시된 "무죄 추정의 원칙"조차 지켜지지 않는 이 상황을 어떻게 볼 것인가?

법원의 판사나 검찰의 검사들도 치외법권적인 지위에 있는 것처럼 행세하고만 있을 것이 아니라 검찰에서 조사도 받아보고 판사도 법정에 서봐야 일반인들이 얼마나 자존심 상하고 처참해지는지 그 심정을 조금이라도 이해할 수 있을 것이다.

"법의 질서(Rule of Law)"만 확실하게 정립되면 다른 말은 필요가 없을 것이다.

그런데 우리나라는 법을 제정하거나 집행하는 사람들조차 법의 질서를 준수하려고 하지 않는다.

오히려 법의 맹점을 이용해서 개인적인 이득을 취하려는 경우가 많다.

윗물이 맑아야 아랫물도 맑다 했다.

4) 외교 분야

미국 외교관들이 우리 외교관들에게 했다는 말이 있다.
"외교에 대해서만 말하자면 북한 외교관이 한국 외교관보다 훨씬 뛰어나다."
왜 이런 말이 나왔을까?
북한의 경우 외교관을 지역에 맞추어 특화시킨다는 말이 있다.
그러나 한국의 외교관들은 지역에 맞춘 외교가 아니라 능숙하지도 않은 영어 하나로 무장해서 외교를 펼치려니 스스로 한계를 가질 수밖에 없다.
일본도 외교관으로 파견되면 가장 먼저 해야 할 일이 그 나라 언어를 익히는 것이라 하는데 우리나라 외교관들 중에 과연 몇 명이니 주재하는 그 나라 언어를 익히는지 모르겠다.
미국 대사관에 가서 일을 보면 미국의 이익에 관계된 일은 우선적으로 처리해준단다.
물론 외교관이 모든 업무처리를 위임받은 것이 아니고

본국의 훈령에 따라 움직여야 하겠지만

그래도 민원인들이 불평, 불만을 갖지 않도록 최선을 다하는 자세는 보여줘야 할 텐데 그렇지 못한 경우가 많다고 불평하는 사람들을 주위에서 쉽게 볼 수 있다.

그리고 우리는 각 나라별로 혹은 업무별로 특화된 전문가가 없다.

미국의 국무부나 국방부의 경우 한국문제에 정통한 사람은 비록 정년퇴직을 하더라도 촉탁이라는 이름으로 계속 그 업무를 보게 하는 경우가 많은데 우리는 정년퇴직자들을 다시 고용하는 경우는 거의 없고 현직에 있는 사람들도 계속해서 같은 업무를 보지 않았기에 아예 신참이나 마찬가지로 업무에 서툴다.

그러니 상대방에게 물어가며 협의나 협상을 하는 꼴이어서 소기의 성과를 얻는다는 것은 원천적으로 불가능하다.

여기에서 외교에 대해 잘 알지도 못하면서 왈가왈부하는 것은 온당치 않은 것 같다.

그래도 외교정책의 방향은 꼭 바뀌어야 한다고 생각하고 외교관 양성방법도 한 번 더 생각해봐야 하지 않을까?

외교관은 나라의 명을 받아 국익의 대변자로서 역할을 해야 하는 사람이지 서류수발이나 하고 고국에서 출장 오는 사람들을 위한 집사나 안내자가 아니지 않은가?

5) 경제 분야

경제학에서 기본적으로 하는 말이 있다.
정부재정과 가계는 소비주체이고 기업은 생산주체다.
1차 산업과 2차 산업이 발달하지 않고 바탕을 튼튼히 받쳐주지 않는 경제는 언젠가는 몰락할 수밖에 없다.
3차 산업 혹은 서비스 용역산업이란 생산과 소비를 촉진시켜주는 역할은 하겠지만 그 자체로 생산능력을 가지고 있는 것은 아니다.
미국에서 처음 시작한 아웃소싱으로 인해 산업 공동화현상이 발생했고 그 여파로 트럼프 대통령이 자국기업 뿐 아니라 외국의 여러 기업에도 미국에 생산시설을 갖추어 주기를 바라는 것 아니겠는가?

독일이 승승장구하는 이유도 산업기반이 튼튼하게 받쳐주고 있기 때문이다.

3차 산업이라는 금융업이 극도로 발달하면 빈익빈 부익부 현상을 심화시켜 계층 간 갈등만 더욱 심화될 것이다.
금융업이 극도로 발달하기 전의 은행은 그야말로 머천트 뱅크라 예금과 대출 금리의 차이만으로 은행을 운영했다.

그러나 금융업이 투자은행 혹은 사모펀드 등의 형식으로 변화하면서 어찌 보면 정부의 관리감독을 받지 않는 괴물로 변해버렸다.

현대의 금융업은 한마디로 말하면 고리대금업의 대형화다.

유대인들이 전 세계 금융업을 지배하고 있다는데 그 이유는 무엇일까?

중세 이후, 근현대까지 유대인들은 일반시민으로 대접받지 못했다.

유대인을 일반시민으로 대하지 않아 농사를 짓지도 못하고 농토를 보유하지도 못 하게 했다. 농사에 종사하지 못하니 먹고 살기위해서는 농민들이 필요로 하는 농기구를 생산하거나 다른 공산품 생산업에 종사할 수밖에 없었다.

전당포는 운영할 수 있었으니 그것이 발달해서 금융업으로 변화된 것이다.

돈을 계산하려니 글자를 알아야 했고 장부 기장하는 방법을 배워야 했다.

로스차일드 가문의 이야기를 들어보라!

자식들을 런던과 파리 그리고 프랑크푸르트와 베를린 등의 대도시로 보내 금이나 은의 시세차이를 보고 어디에 얼마를 투자할지 결정했다고 한다.

데이터센터 인근에 사무실을 차려놓고 증권거래소에 입력되는 소식을 조금이라도 빨리 받아 이익을 취하는 지금의 형태 그대로다.

프랑스가 유대인을 추방하면서 프랑스 시계공업이 몰락했다.

스페인과 포르투칼에서 보석 세공기술을 가진 유대인들을 추방하면서 자체경제도 몰락의 길로 들어섰지만 그와 반대로 벨기에의 안트베르펜은 보석가공의 중심지로 발돋움 했다.

네덜란드도 추방된 유대인과 종교박해를 피해온 외국인들의 영향으로 경제가 발전했고 한 때는 세계의 강국으로 군림하기도 했다.

독일도 나폴레옹의 프랑스에 대패하고 나서 절치부심, 패전의 원인을 면밀하게 분석하고 대책을 세운 것이 바로 기초과학의 육성과 중공업의 발전이었다.

그래서 패전이후 불과 30여년 만에 강력해진 국력을 발판으로 보불전쟁에서 압승을 거두었다.

기초과학이 튼튼하게 받쳐주지 않으면 지속적인 발전을 기대할 수 없다.

기업은 주주와 종업원 그리고 소비자가 존재하지 않으면 존속할 수 없다.

셋 중에 가장 소중한 존재는 소비자다.

왜냐?

소비자는 생산된 제품이나 물건이 마음에 들지 않으면 그냥 떠나버린다.

소비자가 떠났는데 제품의 질이 좋으면 뭘 할 것이며 가격이 싸 봐야 무슨 소용이 있겠는가?.

소비자는 왕이다.

틀렸다!

소비자는 왕이다 정도가 아니라 소비자가 바로 나의 생명줄을 붙잡고 있는 절대 절명의 존재라 인식하고 인정해야한다.

소비자들은 자신의 주머니에 있는 돈을 지출하기 때문이다.

애써 번 돈을 소비하는데 다른 사람들의 입장이나 눈치를 볼 이유가 없다.

그러니 어떤 경우가 되었건 마음에 들지 않으면 떠나면 그만이다.

제품의 품질이나 가격 혹은 디자인이 마음에 들지 않을 경우도 있겠지만 괜히 기분이 좋지 않다는 이유를 대도 할 말이 없다.

그러니 소비자는 기업가나 종업원들의 명줄을 쥐고 있다 해도 과언이 아니다.

주주와 종업원은 서로 상부상조하겠다는 의지가 없으면 안 된다.
어느 한 쪽이 이용당하고 있다는 생각은 버려야한다.
누가 누구를 미워하고 싫어할 것인가?
경영진과 노조가 한 마음 한 뜻으로 뭉쳐 소비자가 원하는 제품을 어떻게 생산하고 어떻게 판매하고 어떻게 칭송을 받으며 계속기업으로 존재할 것이냐 만 생각해도 시간이 모자랄 지경이 아니겠는가?
종업원들은 조금은 안정적인 생활을 해나갈 수 있도록 일자리를 마련해준 경영진에 대한 감사의 마음을 가져야 할 것이다.
동시에 경영진에서는 기업이 원활하게 운영될 수 있도록 혼신의 노력을 다하는 종업원들에 대해 소중한 마음을 가져야 한다.
기업가만을 위한 회사도 아니고 노조원들만을 위한 회사도 아니다.
그런데 불행하게도 현 상황은 서로를 밀어주고 끌어줘야 할 급박한 상황인데도 불구하고 상대방을 불구대천의 원수처럼 대하고 있으니 큰 문제가 아닐 수 없다.
기업의 존망이 코앞에 와있는 듯 위태롭기 짝이 없다.
영국의 100년(1910~2010) 노동사(The rise & fall of the working class 1910~2010)를 연구한 책을 읽었다.
그 책에 기록된 내용을 한 마디로 정리하면 이렇다.
"2010년, 지금의 노동운동 실태가 100년 전보다 덜하면 덜했지 나아지지는 않았다."
물론 경영진에서도 노동의 신성함에 대한 이해가 부족했을 수 있다.
노동운동 역사가 일천한 우리나라 입장에서는 당연히 있을 수 있는 일이다.
경영진에서도 무엇이 부족했고 무엇을 잘못 인식하고 있었는지 깊이 고뇌할 필요가 절실하다.
동시에 노동자들도 네덜란드의 노사정 대화합에 깔려있는 철학을 배워야한다.
영국병이 왜 발생했으며 그 해법은 어땠는지 깊이 있게 조사 연구해볼 필요가 있지 않는가?
이제는 노조도 변해야 한다.

막무가내로 단체행동권과 단체교섭권만 주장하며 파업이나 태업 등으로 회사를 압박하려고만 말고 좀 더 이성적이고 지성적인 방안을 강구해야 할 때가 되지 않았는가 생각한다.

정부에서도 대기업을 사회의 악으로 보는 어리석은 생각은 버려야 한다.

기업이 흥하지 않은 나라가 번성했다는 말은 들어보지 못 했다.

제나라의 관중과 포숙을 예로 들어 보겠다.

포숙이 추천하여 출사한 관중이 욕심을 부린다고 신하들이 들고 일어났다.

그 때 포숙이 신하들에게 이렇게 말 했단다.

"나는 식솔이 적어 비용이 많이 들지 않지만 관중은 부모도 모시고 식솔들이 많아 아무래도 비용이 많이 들어가 그런 것이니 여러분들이 이해해줘라."

그 후에 관중이 재상으로 있으며 제나라 수도인 임치(臨淄)로 많은 상인들이 올 수 있도록 유인책을 썼는데 수레 하나를 끌고 오면 식사 한 끼를 대접하고, 수레 둘을 끌고 오면 숙박을 해결해주고, 수레 셋을 끌고 오면 숙식에다 더해 음주까지 대접했더니 수많은 상인들이 임치(臨淄)로 몰려와 결국에는 춘추오패로 이름을 날렸다.
관중이 죽고 삼년 후, 제나라 환공은 내란을 잠재우지 못하고 결국 멸망한다.
유능한 인재 한 사람이 얼마나 큰 역할을 하는지 적나라하게 보여준 경우라 생각한다.
잘만 하면 우리민족은 모두가 좋은 인재가 될 수 있다.
우리 모두가 좋은 인재가 될 수 있는 바탕이 마련된다면 얼마나 좋을까?
우리 민족은 다른 나라 사람들이 가지지 못한 대단한 특질을 가졌다.

첫째 두뇌가 영리하다.
둘째 체질이 강인하다.
셋째 체격이 강건하다.
넷째 손재주가 비상하다.
다섯째 신바람이 많다.

이 좋은 특질을 가진 우리 민족은 스스로 신이 나서 움직이도록 기운만 불어넣어주면 다른 사람들이 절대로 달성할 수 없는 어려운 일들도 꼭 해내고야 만다.
우리는 이런 사실을 역사적으로 이미 증명하였다.
세상 모든 나라가 우리를 부러워한다.
그런데 우리 국민들은 아직 느끼지 못하는 것 같다.
외국으로 나가보라, 우리나라가 얼마나 사회적 인프라가 잘 구축되어있으며 산업도 대단히 발달한 것을 느끼지 않는가?
내가 항상 강조해서 말하지만 정부에서도 이제는 국민들을 가르치려는 교도적인 사고에서 벗어나야 한다.
외줄을 그려놓고 그 선(Line)위에서는 마음껏 해보라 해도 그 위에서는 한 걸음도 앞으로 나가지 못하고 떨어질 우려가 많다.
선(Line)으로 가르치려 말고 폭이 넓은 지대(Lane)를 마련해주어 마음껏 하고 싶은 일을 할 수 있도록 해줘야 한다.
공무원들이 아무리 똑똑하다 해도 실생활에서 부대끼며 살아가야 하는 민중들보다 현실을 민감하게 체감할 수 없다는 사실을 직시해주기 바란다.

탁상행정의 병폐를 많이 듣고 보지 않았는가?

억지로 모으려 하지 말고 각자의 능력을 마음껏 발휘할 수 있는 터전만 마련해주면 된다.

어려운 경우에 닿으면 우리 민족은 당연하게 단결한다.

내가 나를 믿지 않고 누구에게 나를 믿어 달라 부탁할 것인가?

기업을 경영하는 것도 각 개인의 본성과 맞아야 하는 것이지 아무나 할 수 있는 것은 절대 아니다.

Carpe Diem!

인생은 한번 뿐이다.

6) 국방분야

우리는 불과 얼마 전까지 총기는 고사하고 총탄 하나 만들지 못했던 나라였다.

북한과의 군사적 균형을 맞추기 위한 F4팬텀을 구매하기 위해 미국 조야에 얼마나 많은 공을 들였던가?

자주국방의 기틀을 마련하기 위해 설립한 국방과학연구소를 운용하기 시작하면서 우리 무기 산업이 비약적으로 발전했다.

북한에서 수십 척의 잠수함을 운영하고 있을 때 우리는 한 척의 잠수함도 없었다.

해군함정이라 해봐야 2차 대전 당시에 사용하다 미군이 불하해준 낡은 함정 몇 척 뿐이었다.

지금은 초음속 제트전투기도 개발했고 잠수함도 여러 척 보유하고 있다.

미사일도 지대지, 공대지 미사일 등 다양한 미사일도 국내에서 생산하고 있다.

군대의 무장만 보면 어느 나라에 뒤지지 않는 강한 군대가 되었다.

그러나 정신적으로는 차마 말하기 거북할 정도로 나약해졌다.

명색이 정규 사관학교 출신인 군의 최고위 지도자들의 행동이나 언어를 보면 저 사람들이 과연 군인이 맞나 싶을 정도다.

군에서는 명령 복종이 절대적이다.

그러나 전술, 전략적인 측면의 방향 전환이 있을 때는 내부적으로 먼저 치열한 논쟁이 있어야 한다.

한 개인의 생각만으로 나라의 근간을 이루는 전술, 전략이 쉽게 변해서는 안 된다.

명색이 국방장관이라는 사람이 6.25사변이 남침인지 북침인지에 대해 명확하게 답변하지 못하는 우리나라 군대의 모습에 어이없이 쓴 웃음만 나올 뿐이다.

평화를 말하려면 먼저 확실하게 전쟁준비가 되지 않으면 안 된다.

다시 한 번 더 강조해서 말씀드린다.

역사는 "너 죽고 나 살자!"는 처절한 전투의 기록이다.

7) 복지 분야

독일에서는 경제는 미국식 자유경제주의를 택하고, 정치

는 프랑스 정치를 배우고, 복지에 대해서는 북유럽의 복지 정책을 따른다는 말이 있다.
바이마르공화국 자체는 오랫동안 존재하지 못했지만 그 정신은 지금도 세계 곳곳에서 널리 펼쳐지고 있다.
병원에 입원해있을 때 담당의사가 회진할 때 한 마디 해주면 얼마나 마음이 편안해지는가?
당장 병이 낫는 것은 아닐지라도 왠지 모르게 병이 나을 것 같은 기분을 여러분들도 느꼈으리라 생각한다.
모든 국민들에게 풍족한 복지혜택을 골고루 제공할 수는 없겠지만 담당공무원이라도 들러 한 마디 위로의 말을 해주는 것만으로도 당사자들에게는 크나큰 희망과 위안이 될 수 있다.
그리고 복지혜택이 늘어나면 날수록 국민들 각자의 부담도 증가할 것이라는 사실을 어릴 때부터 교육시켜야 한다.
특히 나이 드신 노인들 문제가 아주 심각하다.
인구 고령화현상을 걱정할 것이 아니라 어찌 하면 노인들 스스로 역할을 찾아 움직이게 할 수 있을까를 끊임없이 고민해야 한다.

복지문제에는 특효약이 없다.

전 국민이 언젠가는 나 자신도 당사자가 될 것이라는 걸 염두에 두고 고민하고 또 고뇌해야 한다.

특별하게 도와준다고 생각지 마라!

배려한다고 하지 마라!

배려한다고 생각하는 그 순간부터 상대방에 대한 존중심이 사라진다.

언젠가는 나 자신도 그와 같은 처지가 될지도 모르지 않는가?

한 가지 꼭 명심해야 할 것은 복지정책 혜택이 개인에게 돌아가도록 해야지 현금을 살포하는 방식은 절대로 하지 말아야 한다.

외국의 사례에서 배우려고만 말고 왜 그런 정책을 실시할 수밖에 없었는지?

그 정책을 실행하는 과정에 발생했던 여러 가지 시행착오들을 하나도 빠트림 없이 보고 듣고 배워야 한다.

한동안 핀란드의 자살률이 세계 1위를 차지한 적이 있다.

요즈음 우리나라도 부끄럽지만 자살률 세계1위라는 통계를 본 적이 있다.
왜 소득수준이 낮을 때 보다 소득 수준이 높아졌는데도 불구하고 자살하는 사람이 많아졌을까?
정신적인 공허함을 채우지 못해서다.
나 자신을 중심으로 삼지 못하고 다른 사람들을 막연하지만 따라하지 않으면 뒤쳐진다는 이상한 생각에 사로잡혀있다.
뱁새가 황새를 따라가면 가랑이가 찢어진다는 말도 있지 않은가?
사람이 물질적인 것만으로 행복해지는 것은 아니다.
"행복"이란?
물질적이든 정신적이든 간에 한 순간 스쳐지나가는 마음상태이지 지속적으로 유지되는 것은 아니다.
"행복한 노후 생활"
"행복한 결혼 생활"
뜬구름 잡는 소리하지 마라!
어느 한 순간 행복을 느꼈다면 말이 되지만 행복한 노후 생활은 없다.

결혼생활 내내 행복할 수는 없다.

정책적으로 복지정책을 과감하게 밀고 있지만 물질적인 면에 너무 치중 한다.

복지정책을 현장에서 담당하는 공무원들에 대한 직무교육이 철저해야 된다.

진정한 애민(愛民)정신으로 무장되어야 한다.

8) 국가와 국민의 적(敵)

A) 새누리당과 자유한국당

문재인 정권이 들어서고 벌써 2년이 훌쩍 지나갔다.

문재인 정권에 대한 지지율이 45%를 넘어서는 경우도 있다.

그러나 내가 시중에서 만나는 사람마다 현 정권에 대해 불평, 불만인데 어째서 그런 지지율이 나오는지 이해가 안 된다.

나라꼴이 왜 이 지경이 되었는지 원인을 한번 생각해 보자.
좌익세력이 힘을 얻기 시작한 것은 분명히 김대중 정권 때부터다.
어떻게 해서 김대중 정권이 들어섰는가?
김영삼 대통령과 이회창 후보 간에 심한 알력이 있었다는 걸 모르는 사람은 없을 거다.
그 알력의 영향으로 이인제 씨도 대통령후보로 출마하면서 소위 말하는 보수진영의 표가 분산된 바람에 김대중 후보가 당선되었다.
한번 낙선의 고배를 마셨으면 절치부심 와신상담하며 무엇이 낙선의 원인인가?
어찌 해서 사람들의 지지를 받지 못했는가?
진정으로 국민들이 원하는 바가 무엇인지 따져보고 또 따져보아 두 번 실수는 없도록 하는 게 정치지도자로서는 당연한 처사일 텐데 하늘만 보고 통곡만 했는지 다음 선거에서도 낙선했다. 그 다음 선거에서는 정몽준이라는 보수인사를 포용하지 못해 노무현후보가 당선되었다.

김대중 과 노무현 두 사람의 진보인사 아니 내가 판단하기에는 좌파인사가 연이어 대통령으로 당선되면서 숨죽이며 숨어있던 좌파세력이 전면에 나설 수 있었다.
이명박 씨가 대통령에 당선 된 것은 야당이 잘해서 당선된 것이 아니라 집권세력이 계속 악수를 두면서 민심이 이반된 결과이다.
이것을 제가 잘나서 당선된 것으로 착각했던 것 같다.
정권을 빼앗겨 된서리를 맞아 보았으면 지나간 10년간 어떤 일들이 있었는지 "민심은 천심"이란 말을 새기고 또 새겨 봐야 했었는데 그러지 않았다.
근 사백여만 표라는 엄청난 차이로 당선되었다면 국민들의 뜻을 겸허하게 받아들여 국가의 미래를 위한 청사진을 제시해야 했을 텐데 4대강 사업이라는 작은 목표에 함몰되어 국민들에게 미래의 청사진을 제시하지 못했다.
못 했다기보다 않았다는 표현이 맞으리라 생각한다.
왜냐?이명박 대통령은 전문 경영인으로서 제 역할은 충실히 수행해 최고위직을 맡았었지만 자신이 스스로 개척하고 창의적인 사고로 무엇을 이루어 본 경험은 없기 때문이다.

개인적인 경험과 지식에만 얽매여 국민들을 가르치려고 했지 민심을 살피지 않았다.

"가난하고 고달프게 산 나도 했는데 너희들이라고 못할 이유가 없다."

그러니 남 탓, 사회 탓하지 마라.

성공하고 싶지 않은 사람은 없다.

열심히 살지 않는 사람도 없다.

그러나 이명박 대통령은 자신은 어려운 환경을 극복한 유능한 사람이요, 그렇지 않은 사람은 열심히 노력하지 않고 어리광만 부리는 어리석은 사람인 것처럼 대했다.

일반 국민들이 그런 말을 들었을 때 기분이 어떠했을까?

당연히 기분 나빴을 것이다.

어려운 환경에서 자라 성공한 사람들이 가질 수 있는 가장 나쁜 모습이었다.

국민들에게 미운 털이 박혔다.

광우병사태 때 왜 국민들이 대통령에게서 등을 돌렸을까 깊이 고민하지 않았다.

안하무인(眼下無人), 이명박 대통령에게 딱 맞는 사자성어라 생각한다.

내부 결속도 다지지 않았다.

다지지 않은 것이 아니라 다져야 할 필요성도 느끼지 못했다.

반대진영을 척결해야 할 적으로 상정했던 것은 아닐까 싶다.

이명박 대통령 시절에 시중에서 떠돌았던 말이 있다.

대통령의 참모라는 친구들이 "완장 차고 돌아다니는 무식한 머슴" 같다.

호떡집에 불난 것처럼 시끄럽고 호들갑만 떨었지 질서나 체계가 잡히지 않았다는 말이다.

서울 시장하던 오세훈 씨가 무상급식 문제를 시민 투표에 부쳐 패배했다.

당 지도부에서 그렇게 말렸지만 오세훈 씨가 말을 듣지 않아 선거에서 참패했다고 변명하는데 그때 이미 한나라당은 체계가 완전히 허물어졌었다.

18대 대통령으로 박근혜 씨가 당선된 것은 진정 박근혜 자신의 자질이나 노력보다 박정희 대통령의 후광효과로 볼 수밖에 없다.

87년 대선 이후, 유일하게 투표자 과반수이상의 득표로 당선되었다.

용기와 자신감을 가지고 국정은 운영했다면 그처럼 좋은 일이 없었을 것이다.

아버지인 박정희 대통령 곁에서 퍼스트레이디 역할을 오래 한 좋은 경험이 있었다.

부모님 모두가 흉탄에 쓰러진 아픈 기억도 세월이 어느 정도 흘렀으니 극복했을 것이라 믿었다.

"통일은 대박이다!"

맞다.

통일은 대박이다.

그런데 통일하고 싶다고 해서 통일이 되는 것은 아니지 않는가?

독일총리 빌리 브란트가 동방정책을 펼친 것은 통일의 밑거름을 주려는 것이었지 당장 통일을 실현시키려는 것은 아니었다.

통일을 달성하기 위해 부단하게 노력한 것은 인정할 수 있으나 당장 통일을 실현시키겠다고 단기업적주의에 빠진 것이 큰 착오라 생각된다.
취임 당시에 불필요한 헛소문에 휩쓸리기 싫다고 형제들도 만나지 않겠다고 했을 때 너무나 근시안적인 사고에 실망했다.
옛말 하나 "구더기 무서워 장 못 담그랴!"
공과 사는 자신이 엄격하게 구분 지으면 될 것을…

이명박 대통령이 전봇대 규제로 호들갑을 떨었는데 박대통령은 푸드트럭 허가 건을 혁파해야 할 규제의 본보기로 삼았다.
이 사람도 이 대통령과 마찬가지로 규제에 대한 본질적인 이해가 부족하구나 싶었다.
문재인 대통령 역시 규제에 대한 이해가 전혀 없다.
그러니 이번 달(2019년 7월)에 5곳의 규제자유특구를 설치하겠다고 발표했다.
그러면 나머지 지역은 규제지역으로 계속 두겠다는 말인

데 이런 문제에 대해 고민이나 했는지 모르겠다.
"그 나물에 그 밥이다."
박 대통령이 창조경제를 들고 나오는 순간 혼란이 생겼다.
창조라는 것이 연구나 개발을 하는 중에 창조적인 것이 나타나는 것이지 처음부터 창조하겠다 해서 창조가 이루어지는 것이 아니라는 간단한 사실을 몰랐다는 말인가?
새로운 물질을 연구 개발할 때도 처음부터 연구의 표적으로 삼았던 물질이 개발되는 경우는 거의 없고 생각지도 않았던 물질이 개발되는 경우가 대단히 많았다는 실례가 있다.
정부관계자나 현장실무자들이 "창조"라는 말만 나오면 머리에 쥐가 내린다는 말을 할 만큼 개념이 막연한 것을 독려했으니 성과가 나올 리가 없었던 것이다.
선거 결과가 예견되었다.
새누리당 패배!
새누리당은 민초들의 삶에는 아무런 관심도 없이 오로지 자신들이 이익에만 급급한다.

그래 놓고 선거에서 승리하겠다고 했으니 기가 차고 코가 찰 노릇 아닌가?
물이 다 빠진 연못에서 살겠다고 헤엄치는 꼴 이상도 아니고 그 이하도 아니다.
그래도 보수를 지향하는 국민들이 새누리당에 많은 지지를 보내주어 전국구 의석을 17석이나 얻지 않았는가?
(민주당: 13석, 국민의당: 13석, 정의당: 4석)
있을 수도 없는 분탕질을 한 새누리당에 그래도 애정이 남아있어 지지해준 국민들에게 석고대죄(席藁待罪)는 하지 못할망정 부끄러워하는 시늉이라도 해야 할 텐데 부끄러워하기는커녕 제 잘났다고 큰 소리를 치고 있었으니 국민들이 보기에 어땠을까?
외면했다.
인간이 다른 동물과 다른 점이라면 부끄러움을 안다는 것이다.
어찌 보면 자유한국당 의원들은 인간의 탈은 썼지만 짐승보다 못한 존재가 아닐까 싶다.
최순실인가 하는 인간의 문제가 불거졌다.

촛불집회가 끊임없이 열렸다.
나도 현장에 가보았는데 어린 아이들이 뭘 알아서 그 멀리서 박 대통령 탄핵을 외치기 위해 서울로 상경했겠는가?
또 그 행사에 들어간 엄청난 자금의 출처는 어디였을까?
조직적으로 군중을 모아 대통령 탄핵을 외쳤는데 그런 사실을 몰랐다고 하지는 못할 것이다.
형세가 불리하게 돌아간다고 여겼는지 같은 당 출신인 대통령을 탄핵해야 한다고 입에 게거품을 물고 앞장섰다.
물론 일차적인 책임은 박 대통령에게 있다.
그렇다고 새누리당 출신 의원들은 아무런 죄과가 없는가?
자당 출신 대통령의 탄핵을 성사시키기 위해 탈당까지 불사했던 의원이라는 사람들이 아무 일도 없었다는 듯 곧 다시 돌아와 복당했다.
국민들이 어떻게 볼 것인가에는 일언반구 아무런 언급도 없었다.
아군의 장수 목을 쳤던 사람들이다.

너도 나도 박근혜 대통령의 단죄를 외쳤다.

대통령 선거가 있었다.

패배 의식에 젖어 대통령 당선은 꿈도 꾸지 않았다.

문재인: 41.08%, 홍준표: 24.3%, 안철수: 21.41%, 유승민: 6.76%, 심상정: 6.17%

내가 일등당선은 못하지만 2등은 돼야 다음을 내다볼 수 있다고 작정했으니 필패가 필연이었다고 말할 수 있을 것이다.

만약 보수를 지향하는 국민들의 표만 합쳤다면 50% 이상 지지를 받아 정권을 내주지 않았을 텐데 말 그대로 대국적인 정치적 판단은 불가능했을까?

프랑스나 북유럽 여러 나라에서는 극단적 우익이나 극단적 좌익의 집권을 방지하기 위해 합종연횡도 불사하는 경우가 많다는데 우리는 왜 그러지 못할까?

못하는 것일까 아니면 안 하는 것일까?

문재인이 대통령에 당선되고 나서부터 탈 원전정책에, 최저임금 인상, 탄력근로시간제, 군복무기간단축 등등 여러 가지 문제점이 있는 정책을 남발했을 때도 정책적인 대안이 없었으니 무반응 무대응으로 일관하고 있다.
정신을 차리지 못했는지 비상대책위원회를 구성해놓고도 옳게 방향을 잡지 못하고 내부분열상만 노정하였다.
지난 정권에서 중요한 역할을 한 인사들이 줄줄이 엮여 교도소로 끌려갔다.
대기업 총수들도 역시 줄줄이 엮여 교도소로 끌려갔다.
불과 41%의 득표로 당선된 대통령에게 끌려 다니는 꼴이 가관이다.
지금의 행태를 보면 염불에는 관심 없고 잿밥에만 정신이 팔려있는 꼴이다.
나도 혹시 당하지 않을까 오금이 저려 꼼짝 하지 못하는 건가?
(세간에서는 그런 말을 하는 사람도 있다)
이대로 가면 내년 총선 역시 필패하지 않을 수 없다.
정책조차 없으니 장기적인 미래상 운운하는 것이 사치일지 모르겠다.
책임져야 할 사람은 책임지고 물러나라!
특히 탄핵에 찬동한 사람들은 꼭 물러나야 한다.

자유한국당을 웰빙 정당이라는데 내가 보기에는 웰빙 정당이 아니라 부모 잘 만나 약간의 자금여유가 있는 놀고먹는 한량들의 모임이다.

세상도 모르고 세상물정에도 어둡고 무식하고 무지한 사람들이 모였으니 민초들의 아픔을 눈여겨 볼 겨를도 없는 정당이다.

중국과 러시아의 비행기들이 우리 영공을 침범해도 말도 한 마디 제대로 못 한다.

정의나 평등 혹은 공정이나 민주화 등의 말만 나오면 꿀 먹은 벙어리가 된다.

공부를 제대로 하지 않았으니 정의나 평등 그리고 공정이나 민주화에 대해 깊이 있는 고뇌나, 개념도 옳게 정립해있지 못한 것 같다.

노무현 정권 이후 10년간 집권했었다.

5.18문제에 대해 철저하게 규명하려는 의지가 없었다.

"북한군이 광주에 투입되었다!"

"아니다."

"군에서 먼저 발포했다!"

"아니다."
10년 집권 동안 끝없이 논란이 있었던 문제에 대해 깊이 있게 고민이나 해보았는지 모르겠다.
일본군 위안부 할머니문제를 금전적인 보상차원이 아니라 인간적인 측면에서 정신적으로 할머니들의 아픔을 쓰다듬어 줄 요량은 없었는지 묻고 싶다?
그 분들이 과연 금전적인 보상만 바란다고 생각하는가?
아니면 피맺힌 한을 풀고 싶은 마지막 바람인 것을 몰랐단 말인가?
일제 강제징용 당하신 분들의 심정을 들어 보려는 했는가?
귀찮은 문제라 외면하지는 않았는가?
아무리 보아도 자유한국당은 진정한 국민의 뜻을 대변하는 정당은 아니다.
어떤 의원은 사할린 동포문제는 꼭 해결해야 할 중차대한 문제라고 소신을 밝혔나.
사할린 동포들을 귀국시키고 보니 또 다른 이산가족문제(부모와 자식 간의 이별)가 발생하더라는 말은 들어 본적이 있는가?

이런 문제들을 하찮은 문제라 생각하고 그냥 넘어간다는 말인가?

지금 당신들은 직접적인 책임이 없다 할 수 있다.

그러나 국가와 국민을 위해 정치하겠다는 사람들이 눈앞에 이익이나 걸리적거리는 일의 해결에만 급급하다면 절대로 대사를 이룰 수 없다.

공부해라!

그냥 모여서 눈인사나 하고 차나 마시는 사교모임 같은 공부가 아니라 각계 전문가들의 의견을 듣고 배워야 한다.

일시적이고 단발적인 교육이 아니라 지속적이고 차원 높은 교육이어야 한다.

정치를 하면서 정치에 대한 이해가 그리 없어서 무슨 정치를 한다고 하겠는가?

정치인은 모든 분야에 대한 이해와 인식을 가지고 있지 않으면 안 된다.

정치인이면 정치를 해야지 정치판에서 노는 정치꾼이 돼

서는 안 된다.

말 그대로 모든 정치인들이 한마음 한뜻으로 두뇌회전이 빠르고 영리하며 손재주 있는 우리민족이 마음껏 능력을 발휘할 수 있도록 멍석을 깔아줘야 할 것 아닌가?

정치를 모르는 사람들이 하는 정치의 한계를 적나라하게 보여주고 있다.

지금 이 시점에도 자유한국당은 무엇이 문제이며 그 원인이 무엇인지도 알려 하지 않는다.

집권 당시 박대통령의 잘못과 새누리당 내분으로 고스란히 정권을 좌파에게 넘겨줘 국민들이 고통 받으며 신음을 토하고 있는데도 불구하고 아직도 정신 차리지 못하고 눈앞의 이익과 개인의 영달에만 목매달고 있으니 나쁜 사람들이라 하지 않을 수 없다.

참, 나쁜 사람들이다.

보수라는 단어의 의미도 옳게 모르면서, 이제 보수진영이라는 말도 삼가 해주면 좋겠다.

나라가 이 꼬라지가 되는 바탕을 만든 장본인이 바로 자유한국당이다.

제발 능력의 한계를 인정하고 부끄러워하며 자숙해라!
왜 국민들이 자유한국당을 지지하지 않는지 고민해라!
지금도 마당 터지는데 솔뿌리 걱정만 하는 꼴로 현실을 직시하지 못하고 이리 저리 흔들리는 어리석은 모습에 국민들이 등을 돌리고 있다는 걸 알려고도 하지 않는다.

B) 안철수

뜬금없이 안철수라는 사람이 모 방송사의 예능 프로그램에 나와 새 정치 운운하며 국민들의 마음을 흔들었다.
새 정치를 자신의 트레이드마크처럼 들고 나왔으니 일반 시민들은 구 정치행태의 전형으로 집권당인 새누리당을 염두에 두었을 것이다.
새누리당은 국민이나 시민을 보고 정치를 하지 않고 당내 정치에만 몰두했다.
그러니 안철수 씨 입장에서는 진보를 표방하는 민주당이 훨씬 자신의 입장과 가깝다고 생각했는지 박원순 씨에게 후보를 양보해서 선거에서 승리하도록 도왔다.
박원순 씨가 좌파사상의 소유자라는 사실을 모르지 않았

을 텐데 한나라당에서는 당내정치 또는 당내 파벌싸움에 바빴는지 아니면 서울시장 정도는 야당에게 넘겨줘도 괜찮다고 생각했는지 알 수는 없으나 별로 크게 생각지 않은 것 같다.

안철수라는 사람은 세상 물정에 어둡다.

세상을 잘 모른다는 말이다.

실내 수영장과 바다의 차이도 모르고 같은 물로만 알고 있던 사람이니 얼마나 철이 없는가?

바다가 얼마나 두려운 존재인지도 모르니 철이 덜 들었다고 말할 필요도 없다.

바다 무서운 줄도 모르는 해군출신 예비역이다.

서울시장 후보를 왜 박원순 씨에게 양보했느냐고 기자가 질문했다.

"그 때는 정치에 대해 잘 몰랐기 때문"이라고 이실직고했다.

철없고 세상물정에 어두운 안철수라는 사람에게 왜 국민들이 그토록 적극적인 지지를 보냈을까?

국민들이 현실정치에 신물이 나도록 실망하고 있었기 때

문이다.

그런데 현실정치의 주역인 새누리당에서는 그런 위험신호를 감지하지 못 했다.

못 했다기보다 안 했다는 표현이 적합할 것 같다.

당내정치에 함몰되어 있었으니 국민들의 요구에 귀 기울일 이유도 없었고 여유도 없었다.

18대 대선 당시에도 문재인을 지지한다고 발표하고 그 자리에서 미국으로 떠났다.

그래도 국민들의 새 정치에 대한 갈망은 사라지지 않았다.

그래서 국민의 당을 창당해서 총선에 나섰을 때 열화와 같은 성원을 보내줬다.

"이제는 절대로 철수하지 않겠습니다."

그 말이 채 식기도 전에 대통령 선거에 출마했다 3위로 낙선하고는 또 바로 철수했다.

물론 이유없는 핑계 없다고 말로는 현실정치와 멀리 떨어져 관조하며 내실을 채워서 오겠다고 했지만 각계각층의 사람들과 각양각색의 이해관계로 맺어진 사람들이 사는 세상을 아는 것이 결코 간단치 않음을 알았으면 좋겠다.
인터넷 백신프로그램을 개발한 의사출신 기업가요 정치인에 대한 국민들의 열화같은 박수의 의미도 알려하지 않은 무지몽매한 한 사람일 뿐이다.
부잣집 도련님으로 태어나 아쉬운 것도 없이 자라서 남을 배려하거나 부대껴 보지도 않았으니 자신도 모르는 사이에 독불장군식 사고방식에 취한 허수아비라 표현하면 좋지 않을까 싶다.
자신도 모르는 사이에 나라를 망치는데 크게 공헌한 사람이 되었다.

C) 오세훈 전 서울시장

서울시 교육청에서 무상급식을 실시하겠다고 나섰다.
누가 옳고 그른가를 따지기 전에 서울시의 문제는 서울시 내에서 해결해야 했다.
시장과 교육감이 머리를 맞대고 밤을 새워서라도 합의안을 도출했어야 했다.

그런데 뜬금없이 서울 시민투표에 부쳐 만약 부결될 경우 시장직에서 물러나겠다고 약속했다.

자신이 소속된 정당에서도 반대했으나 고집을 부렸다.

왜 고집을 부렸을까?

언론에서 차기 대권후보로 가능성이 있는 잠룡으로 일컬어지고 있었으니 스스로도 대권에 대한 욕심을 부리고 있었던 것 같다.

서울시 행정을 담당하면서 많은 업적을 쌓은 것으로 착각했다.

그리고 시민들이 그런 종류의 투표에 익숙하지 않다는 사실도 인식하지 못했던 것 같다.

투표의 결과는 부결이었다.

안철수라는 사람이 인기몰이를 하고 있을 때였는데 세상의 흐름을 읽지 못했다.

과반수이상의 지지를 받고 있던 안철수가 좌파인사인 박원순 씨에게 후보 자리를 양보했다.

박원순이 당선되면서 좌파세력들이 활개를 치기 시작했다.

그리고는 오세훈 씨는 탈당과 복당을 반복했다.
소위 보수진영 궤멸의 단초를 만든 사람이라 국가와 국민에게 큰 해를 끼친 자라 생각된다.

D) 김무성
2016년 4월 13일 20대 총선
나에게 말씀이 계셨다.
"이번에는 과반수이상 의석을 차지할 수 있게 해줄 것이니 선거 후에 내각책임제로 헌법을 바꾸어 1987년 제도를 청산하고 새로운 길로 들어서야 할 것이다."
그때는 그야말로 야당이 죽을 쑤고 있었다.
스스로도 잘만 하면 2/3의석도 바라볼 수 있으리라 하는 사람들도 많았다.
그런데 공천심사 중에 말썽을 부렸다.
청와대와 새누리당이 국회에 자기세력을 심기위해 필사의 선생을 치렀다.
공천심사위원장이라는 사람은 객관적인 기준없이 이리저리 떠밀리는 듯 한 행태를 보였다.

당내분열의 대미를 장식한 것이 바로 당 대표라는 사람이 대표 직인을 숨겨두고 부산으로 도망갔다.

그 사람이 당권을 앞세워 대통령이 되겠다고 비공식캠프를 차려놓고 "대통령 김무성"을 외쳤다는 사실은 아는 사람은 다 알 것이다.

초야에 묻혀있는 내 귀에도 들릴 정도면 알만하지 않은가?

한때 그 사람을 칭하는 별호가 "자라 대가리"라 했다.

주위를 살피다 아무런 낌새가 없으면 대가리를 쑥 내밀었다가 주위에서 약간의 움직임이라도 있으면 대가리를 쏙 집어넣는 꼴을 보고 하는 말이었다.

헌 정치에 식상해서 세상물정에 어둡고 철없이 새 정치를 외쳤던 안철수 씨에게 환호했던 국민들이 보기에 헌 정치의 전형적인 모습이라 실망하지 않았겠는가?

대권에 욕심을 가졌다면서 내부의 결속이 대단히 중요하다는 사실을 몰랐다는 말인가?

내부결속을 다지려면 최고통치자의 지원을 받아야 하는데 최고통치자와 각을 세워 무엇을 어떻게 하려 했는지 지금도 의문스럽다.

"최상의 공격이 최고의 수비다."

"정도를 걸어라."

그런데도 당내 파벌 싸움에 푹 빠진 새누리당 소속 당원들은 민의를 살펴볼 여유가 없었다.

"민심은 천심이다."

민심을 살펴 보듬지 않고 천심을 얻으려 했으니 어리석기가 한이 없다.

민초들은 계산하고 보존할만한 자산도 명예도 권력도 없다.

그래서 피부로 느껴지는 대로 행동한다.

"기분 나쁘다!"

"나쁜 놈들이네!"

국민들로부터 철저하게 외면당했다.

총선에 크게 패배했으면 정신을 바짝 차려야 했는데 최순실 사건이 터지자 당시의 야당인 민주당보다 더 날뛰었다.

박근혜 대통령 탄핵 찬성 그리고 탈당 결행,

탄핵사태 이후 일부 탈당의원들 자유한국당으로 복당, 이 모든 행위들을 주도적으로 이끈 사람이 바로 김무성씨다.

한 마디로 표현하면 철면피에 무식해서 용감했던 사람이다.

E) 유승민

새누리당의 당 대표로 선출된 직후 가진 국회 대표연설에서 야당보다 더 야당다운 발언을 해서 모든 사람들이 깜짝 놀랐다.

원내대표로 선출된다는 것은 모든 의원들의 뜻을 함께 모아 발표할 수 있는 정도지 어떤 특별한 권능을 부여받은 것은 아니다.

원내대표로써 언론의 집중조명을 받으니 자신이 굉장히 유능한 사람으로 착각한 모양이다.

보수성향을 가졌다는 의원들은 거의 모두 특정분야에 종사했을 뿐 다양한 사회를 경험하지 못했다.

국어, 영어, 수학 등의 학과성적은 좋았을지 모르지만 다양한 경험을 한 적이 없으니 세상을 모른다고 판단하는 것이 온당하지 않을까?
대통령 선거에 출마하여 큰 차이로 낙선했는데도 불구하고 아직 그 미몽에서 깨어나지 못하고 있는 것 같다.

F) 손학규

학생운동을 했다고 말들은 하는데 나는 들어본 기억이 없다.
김영삼 정권이 들어서면서 장관도 하고 국회의원도 몇 번 당선되어 새로운 인물인양 언론지면을 장식했다.
경기도 지사에도 당선되어 정치적 이력을 상당히 쌓은 것으로 알고 있다.
그랬던 사람이 대선후보가 되고 싶었는데 여의치 못하자 자신의 키워준 당을 박차고 나가 자리를 옮겼다.
옮긴 자리에서도 옳게 자리 잡지 못하고 이리 저리 흔들리며 지냈다.
지난 대선 이후에도 자리를 옳게 잡고 있지 못했는데 총선에서 국민의당과 바른정당이 뜻을 이루지 못하고 군소

정당으로 전락했다.

고육지책으로 두 당이 합쳐 바른미래당이라는 아름으로 합쳤다.

마땅한 우두머리가 없는 상황에서 손학규 씨가 어부지리를 얻어 당 대표로 선출됐다.

당 대표로 선출되었으면 당원과 소속 국회의원들의 의견을 수렴하여 환골탈태하는 모습을 보여주었어야 할 텐데 의견수렴은 고사하고 능력도 없는 사람이 전횡을 부리려니 어느 누가 찬동하며 따르겠는가?

사막의 신기루 같은 자신의 허상을 믿고 있는 그 모습이 보기에 너무나 안타깝다.

정치적으로 의견이 다를 때 소속정당을 옮길 수 있다.

그러니 개인적인 이익을 위해 아니면 개인적인 계산에 따라 정당을 옮기는 것은 절대로 하지 말아야 할 행동이다.

순학규 씨에게 해주고 싶은 말은 딱 하나다.

"세상만사 내 뜻대로 되지 않는다!"

G) 더불어 민주당

더불어 민주당의 당명에 민주라는 단어가 들어있다.

더불어 민주당 당원들은 과연 "민주"라는 단어에 담긴 뜻을 알고 있는지 궁금하다.

지금은 대통령을 배출한 집권정당으로 호기를 아니 전횡을 일삼고 있는데 과연 민주적인 행동이라 자신할 수 있는지 묻고 싶다.

김대중, 노무현 대통령이 집권하는 동안에도 갖은 구설수에 올라 결국에는 정권을 내놓았는데 지금도 그 당시와 하나 틀림없이 각종 구설에 오르고 있으니 쓸개 없는 노루새끼 보다 더 어리석다 할 수 있겠다.

더불어민주당도 자유한국당과 마찬가지로 제가 잘해서 집권한 것이 아니라 상대 당이 악수를 두면서 기회를 잡지 않았는가?

그런데 과거에서 교훈을 얻으려 하지 않고 안하무인격으로 설처대는지 아무리 생각해도 어리석기 짝이 없는 사람들이다.

노무현 대통령에 대한 탄핵사태의 역풍으로 열린우리당

이 득세를 했지 열린우리당이 정치를 잘해서 득세를 한 것이 아니라는 사실을 모를 리가 없을 텐데 호기만 부리다 정권을 내준 것에서 교훈을 얻지 못했다.

그리고는 제 잘못은 인정하지 않고 끊임없이 정부를 흔들었다.

이명박 정부 당시의 광우병 사태!

미군 훈련 중에 발생한 어린 학생들이 생명을 잃은 불상사를 이용해서 정부를 또 흔들었다.

지금도 상황은 마찬가지다.

다만 예전의 여당이 야당이 되었고 예전의 야당이 여당이 된 것이 다를 뿐 대한민국은 그대로인데 말하는 모습이나 내용을 보면 전혀 다른 나라에 살고 있는 느낌이 드는 것은 나 혼자만의 생각일까?

더불어민주당 의원들에게 묻고자 한다.

지금(2019.8) 당신네들이 한 마디 한 마디 내뱉을 때마다 지난날 내 자신이 했던 말과 글이 무엇과 어떻게 상충되는지 생각해보길 바란다.

"뿌린 대로 거두리라!"

소위 386세대라 불리는 사람들…

군부 독재타도를 외치다 경찰에 붙들리거나 심한 경우 감옥에 수감될 때도 영광스럽게 훈장이라도 탄 듯 손 흔들며 큰소리치든 때와 지금은 모든 환경과 조건이 달라졌다.

상전벽해(桑田碧海)다.

이 시대에 정치활동을 하려면 먼저 민생에 대해서 충분히 알아야 한다.

예전에 배웠던 지식과 경험을 가지고 판단하려 하면 크게 낭패스러운 일을 당할 수밖에 없다.

할 말도 많고 하고 싶은 말도 많지만 계속해서 말을 한다는 것은 더불어민주당을 인정하는 꼴이 될까 두려워 이만 그치려 한다.

H) 정의당

당명에 가장 형이상학적 가치를 표방하는 "정의"라는 단어가 들어있다.

그런데 정의당이 사용하는 "정의"가 얼마나 보편타당성

을 가진 "정의"를 말하는지 묻고 싶다.

특정집단을 위한 "정의"는 독선이고 독재에 다름 아니다.

민주정의당이 사용한 "정의"와 정의당이 사용하는 "정의"가 같은 뜻인가?

아니면 전혀 다른 뜻을 가진 "정의"인가?

각료를 임명할 때 몇 번에 걸쳐 정의당의 데스노트에 의해 각료가 임명되거나 탈락한 적이 있다.

그런데 이번의 법무부장관의 경우, 적격성 여부를 떠나 대통령의 임명권을 존중하겠다고 발표했다.

대통령의 임명권은 존중하겠다는 것이 정의당이 말하는 "정의"인가?

아니면 배운 것 없고 가진 것 없는 민초들이 겪는 심정적인 상처나 젊은이들이 갖는 정신적 상실감이나 배신감을 외면하는 것이 정의당이 말하는 "정의"인가?

물어보고 싶다.

I) 바른미래당

바른미래당의 전신이 바로 안철수 씨를 중심으로 해서

모인 국민의당과 유승민, 김무성 등 새누리당 탈당파들이 모인 바른정당이 합쳐 만들어진 정당 아닌가?
새 정치에 목말랐던 국민들이나 무엇이 바른 정치인지 몰랐던 다수 국민들의 성원에 힘입어 상당한 의석을 획득했다.
탄핵이 헌법재판소에서 인용된 후 대통령 선거가 실시되었다.
처음부터 대통령 당선은 포기하고 다음 대권을 바라본다고 천명하지 않았는가?
2위 득표를 목표로 했으나 결과적으로 하위권에 머물렀다.
당 내분이 일어나자 또 다시 이합집산...
국민의당은 호남출신 세력과 비호남출신 세력으로 양분되었다.
바른정당은 대선에서 참패하고 거의 해체 수준에 이르렀다.
그래서 궁여지책으로 국민의당의 비호남세력과 바른정당을 탈당하지 않은 세력들이 모여 바른 미래당이라는 이름으로 뭉쳤다.

새 정치를 말하고 바른 정치를 말한 사람들이지만 사실은 새 정치나 바른 정치에 관한 이념과 원칙도 없고 강단도 없는 오합지졸이 모인 것에 불과하다.

싸릿대 하나는 약해서 쉽게 부러지지만 싸릿대를 열 개 스무 개를 모으면 쉽게 부러지지 않는다 했다.

싸릿대는 제 생각이 없는 무생물이니 모아 놓으면 강력한 힘을 발휘할 수 있을지 모른다.

그러나 껍질로 두껍게 제 몸을 감싸고 있는 도토리는 많이 모으면 모을수록 소리만 요란하고 흐트러지기 쉽다.

그런 도토리 같은 성향의 사람들을 모아놓았으니 시끄럽지 않으면 오히려 이상한 일이다.

검은 머리 짐승은 앙물한다는 말도 있다.

힘 약하고 세가 부족할 때는 죽은 듯이 지내다 조금만 기운이 차려졌다 싶으면 제 욕심 채우기에 급급한 짐승이 바로 인간이다.

현재 바른미래당의 모습이다.

J) 민주노총(전국민주노동조합총연맹)

한국노총을 어용노조라 힐난하는 사람들이 많을지 모르겠다.

해방 당시 우리나라에는 노조를 설립해 활동할 수 있는 기업체가 그리 많지 않았다.

그래서 그 당시에 노조가 설립되어있는 모든 기업이 거의가 공기업 이었다.

5.16 혁명 이후 산업활동이 활발해지면서 소위 말하는 대기업이 생기기 시작했다.

6~70년대에도 학계와 기업체에서 노조설립에 대해 많은 논의가 있었다.

독일식을 택할 것이냐 아니면 미국식을 택할 것이냐?

1960년대 후반까지 일본에서도 노동쟁의가 연례행사처럼 열렸다.

이른 바 춘투(春鬪), 일본 전국의 노동자가 모두 모여 거리행진은 물론 극렬한 물리적 투쟁도 마다하지 않았다.

그러다 어느 시점부터 극렬한 투쟁은 어느 누구에게도 도움이 되지 않음을 인식하고 사회적 합의를 도출해냈다.

독일에서도 경제난국을 타개하기 위해 대타협을 통해 서로 상생하자는 국민적 합의를 도출해냈다.

네덜란드에서도 경제가 침체되고 국가 경쟁력이 상실되어 갈 때 정부와 기업 그리고 노동단체가 모여 대타협의 결실로 경제적 호황을 맞이했다.

고질적인 네덜란드 병을 끝냈다.

노동조합은 노동자의 복지향상을 위해 꼭 필요한 존재이다.

그러나 노동자 집단이 절대적 존재로 군림해서도 안 된다.

미국 자동차 산업계를 한번 둘러보자.

2차 세계대전 이후, 미국이 세계 국민 총생산의 반 이상을 생산했다.

1960년대에는 우리가 일상적으로 사용하는 거의 모든 제품이 미국산이었다.

재봉틀, 라디오, 전축 그리고 비누와 치약까지...

자동차는 극소수의 부유층이나 관공서 그리고 군대에서 사용했을 뿐이지만 거의 모두 미국산 자동차였다.

하다못해 재생 자동차도 군대에서 유출된 미국산 부품을

사용해 조립한 것 이었다.

포드자동차가 노동자들의 임금을 높게 책정해줄 수 있었던 것도 그 당시는 공급이 수요를 창출한다는 경제학 공식이 적용될 수 있었기 때문이다.

그러다 독일제 자동차와 일본제 자동차가 물밀 듯 밀려왔을 때 미국 자동차업계는 가격과 품질에서 경쟁력을 상실했다.

포드자동차에서 처음으로 외국에 아웃소싱해서 부품을 구매하려 했던 가장 큰 이유가 가격경쟁력을 확보하기 위해서였다.

포드사가 그렇게 할 수밖에 없었던 것은 미국이 가지고 있던 기술력이 이제는 더 이상 다른 나라의 추격을 뿌리칠 만큼 우월하지 않았다는 것을 반증한다.

제조장비나 기술이 특정국가나 기업이 독점할 수 없을 정도로 보편화되었다.

미국에는 아주 강력한 결속력을 가진 노동단체 즉 AFL-CIO(미국노동총연맹 산업별조합회의)가 오랫동안 존속하고 있다.

그러나 이제는 노동자들 스스로 노동조합의 논리에 끌려 다니는 것보다 실질적인 개인이익을 우선시해서 판단하려는 기미가 보인다.

미국의 노동자들이 왜 노동조합을 설치하지 않으려는 기업을 용인하게 되었을까?

노동자의 처우개선과 복지증진이 중요하다 해도 그러기 위해서는 기업이 필연적으로 존속해야 한다.

미국의 소도시 제인스 빌에서 오랫동안 가동해왔던 GM 공장 중 하나가 패쇄 되면서 노동자들은 물론이고 일반 시민들까지 얼마나 심한 고통을 겪었는지 모른다.

(원제: 제인스빌 저자: 에이미 골드스타인)

그것도 당시 미국 하원의장인 폴 라이언의 지역구인데 말이다.

경제학에서 말한다.

"기업은 생산주체요 정부와 가계는 소비주체이다."

1차 산업인 농업과 목축 그리고 광산업 등과 2차 산업인 기계공업 등을 운영하는 기업이 몰락하면 그 나라는 절대로 존재할 수 없다.

레닌이 혁명 당시에 프롤레타리아 계층으로부터 이런 질문을 받았다. "우리 프롤레타리아 계층은 이제 혁명이 완수되었으니 앞으로 어떤 곳에서 어떻게 활동해야 하는가?"
그 때 레닌이 이렇게 답했다는 말이 있다.
"너희들은 부르주아 계급이 이루어놓은 것에 올라타서 가기만 하면 된다."
정치적으로 민주화가 이루어졌고 경제적으로 선진화된 나라 중에 어느 나라에서 극렬한 노동 투쟁이 일어나고 있는가?
이제는 우리나라도 정치 민주화와 경제적 번영을 이루었다.
외국의 사상이나 이념을 무조건 따르기만 할 것이 아니라 우리나라만의 사상과 철학을 찾아야 한다.
노조운동이 처음 발생한 서양 여러 나라에서는 합리적이고 실질적인 대안을 마련하고자 서로 머리를 맞대고 있는데 우리는 아직까지 그 체제를 완벽하게 받아들이지 못했다고 생각하면서 이미 틀렸다고 증명된 그 제도와

이념을 따르지 못해 안달하는 모습이 안타까울 뿐이다.
말로만 상부상조가 아니고 말로만 상생이 아닌 진정한 상생과 상부상조 정신으로 무장하지 않으면 멀지않은 미래에 다른 나라에 따라 잡힐 수밖에 없다.
정신차리자!
서로 귀하게 여기고 사랑하고 존중하자!
정치적 사상이나 이념의 구렁텅이에 빠져 허우적거리지 말자!
다시 한 번 더 강조해서 말씀드린다.
사상이나 이념이 우리를 먹여 살리지 못 한다.
심심찮게 터져 나오는 노조 책임자들의 일탈행위 아니 불법, 탈법 행위에 대해 깊이 있는 성찰이 있어야 한다.
가진 자들의 갑질 행위에 대해서는 목소리 높여 질타하지만 노동운동 내부의 갑질 행위에 대해서는 일언반구 반성이 없는 것은 어떻게 생각해야 하는가?
혼자만이 살 수 있는 세상이 아니다.
노조활동을 오래 한 서구사회의 변화한 과정을 유심히 관찰해서 버릴 것은 버리고 취할 것은 취해 우리는 우리만의 길을 만들어나가야 한다.

정의, 공정, 평등 등 무슨 큰 사회적 책임을 지라고 하지 않겠다.

단 하나 "내가 하는 말과 행동에 대해서는 꼭 책임져라!"

세속에서 이런 말들을 많이 들었다.

"내가 노동운동하는 중에 회사를 몇 개 말아먹었다.

부끄러운 줄 알아야 한다.

자랑할 일이 아니다.

귀족노조의 탈을 벗어라!

K) 전교조(전국교직원노동조합)

처음 참 교육을 기치로 전교조가 결성된다는 소식이 꽤나 신선하게 들렸다.

일본식 교육형태를 벗어나지 못한 교육과 학사행정에 불만을 가진 많은 사람들이 호응했다.

학원내부의 잘못된 관행을 지적해서 바로 잡으려는 노력도 가상하다 싶었다.

그런데 어느 날부터 정치색을 띄기 시작하면서 본래의

취지가 무색해졌다.

본래부터 정치색을 띄고 싶었으나 그러지 못해 때를 기다린 것이라 하면 이해가 될 것 같다.

몇 십 년 전에도 '친일이나 반일이 아니라 이제는 극일을 이야기할 때가 되었다.'라는 주장이 있었다.

교육은 백년지대계라는 말을 모르는 사람은 없을 것이다.

내가 여기서 묻고 싶은 것은 두 가지다.

하나는 친일잔재를 청산하자고 큰소리치고 있는 사람들이 과연 인문학이라는 단어를 순수한 우리식 표현으로 바꿀 생각이 있는지 없는지 묻고 싶다.

다른 하나는 과연 역사에서 무엇을 보고 듣고 배워야 한다고, 역사를 배우라 하는지 묻고 싶다.

역사기록을 보면 수많은 영웅, 호걸이 등장하고 동시에 인간으로서는 도저히 행할 수 없을 것 같은 악행을 저지른 독재자도 있다.

수없이 행해진 전쟁과 전투에서 혁혁한 공을 세운 영웅이 한 둘이 아닌데 그런 사람들이라 할지라도 항상 승승장구 승리만 하지는 않았다.

갖은 수단과 방법을 동원해 민생을 안정시키고자 노력한 사람들도 많다.

민중들의 피를 빨아먹으며 제 속을 채운 지도자는 또 얼마나 많은가?

역사는 승자의 기록이다.

국가 간의 경쟁이나 전쟁 뿐 아니라 조직과 조직 간에, 단체와 단체 사이에는 항상 경쟁과 긴장이 계속된다.

역사에서 삶의 지혜를 배우라!

분명히 뜻이 있을 것이고 뜻이 있다면 정답이 있을 것이라 믿고 찾고 또 찾았다.

어느 날 섬광같이 생각이 떠올랐다.

한마디로 표현하면 역사는 죽고 죽이는 인간 군상들의 모습이다.

"너 죽고 나 살자!"

우리가 역사에서 꼭 배워야 할 것은 바로 "너 죽고 나 살자"식의 치열한 경쟁이 일상화된 현실이라는 사실을 직시하지 않으면 안 된다는 것이다.

자기방어를 잘하여서 상대방의 침략을 받더라도(가까이는 임진왜란과 정유재란 그리고 병자호란과 일제 식민 지배) 고통 속에 살지 않으려면 철저한 준비가 있어야 한다.

그래서 교육이 꼭 필요한 것이다.

우리는 지금 교육이라 하면 국어, 영어, 수학 등의 교과서적인 학습만 생각하는 것 같다.

사람들과 부대끼며 접하는 수많은 일상생활 중에서 보고 듣고 배우며 느끼는 것이 바로 진정한 교육이다.

공자 왈 맹자 왈 하며 가르치는 것은 세상을 살면서 알아야 할 교육의 한 부분일 뿐이지 전부가 아니다.

대학에 진학하기 위해 전력투구하는 것만 교육인가? 아니다.

일본인이 쓴 책이 있다.

제목이 "A급 학생, B급 학생 그리고 C급 학생"이다.

책에 담긴 주용 내용은 가장 학업성적이 뒤떨어지는 C급 학생은 사업을 해서 크게 성공하고 A급 학생은 C급 학생의 부하직원으로 근무하고 B급 학생은 공무원으로 근무한다.

우리나라와 일본의 경우가 똑같지 않으니 단순비교해서 이러니 저러니 하기는 마땅찮지만 한번 쯤 생각해볼 여지는 있을 것 같아 여기에 소개한다.
"세상은 넓고 할 일은 많다!"
전 대우그룹 김우중 회장이 쓴 책 제목이다.
말 그대로 세상은 넓고 할 일은 많은데 과연 내가 할 수 있는 일은 무엇인가?
또 넓은 세상 중에 내가 가본 곳이 얼마나 많은가?
앞으로도 가보았으면 하는 곳은 얼마나 많은가?
처절하게 고민해야 한다.
교육은 우리 인간이 품위를 유지하고 학습능력을 최대한 이끌어내는 데는 필수적이라 할 수 있다.
그러나 본질적인 교육의 목적은 무엇 하나 확실하게 정해져 있지 않고 또 어떤 돌발상황이 발생할지도 모르는 이 모질고 험한 세상을 당당하게 살아갈 수 있다는 자신감을 확보해주는 것이 아닐까?
온실에서 재배된 화초나 야채는 인위적으로 적정한 온도와 습도 등을 맞추어주지 않으면 금방 시들어버린다.

아차! 하는 순간 오랜 세월 동안 들였던 공이 와르르 무너져버리는 것이다.

부모들이나 교사들은 언제까지 내 아이들이나 학생들을 가까이에서 보살펴줄 수 있을 것으로 착각한다.

각자가 책임지고 살아가야 할 인생이니 교사들이나 부모들은 각자가 책임지고 살아가겠다는 굳은 의지를 가질 수 있도록 이끌어주면 최고의 지원이요 최상의 배려라 할 수 있겠다.

그리고 아이들에게 과거의 잣대로 재단하거나 가르치려 하지 말고 그 아이들 입장에서 생각하고 모범을 보이는 역할을 해야 한다.

아이들을 부모나 교사가 원하는 대로 살라고 강요하지 않아야한다.

자식 농사 부모 뜻대로 안 된다는 옛말을 놓치지 마라.

"흐르는 물에 두 번 같은 발을 담글 수 없다."

각자의 본성에 걸맞게 사는 것이 가장 행복한 삶이라 생각한다.

전교조는 참교육을 천명했던 초심으로 돌아가 교육에만

전념하고 정치적인 행위는 하지 말아야 한다.
아이들을 볼모로 붙잡아 제 잇속을 챙기려는 생각도 하지 말아야 한다.
아이들은 아이답게 살아야 행복한 것이다.
제발 손바닥으로 하늘을 가리려는 웃기는 사람은 되지 말아야 한다.

L) 진보주의자임을 자칭하는 지식인들

진보주의자임을 자처하는 사람들을 보면 왠지 모르게 거대한 암벽과 마주하고 있는 것처럼 느껴진다.
대화의 주제가 무엇이 되었든 간에 자기가 하고 싶은 말은 줄기차게 내뱉으면서 상대방이 하는 말은 처음부터 끝까지 부정하려는 자세가 보인다.
말은 천상유수처럼 시원하게 하는 것 같지만 내용을 들어보면 별 알맹이도 없다.
독일은 사회주의가 오래 전에 뿌리를 내렸다.
그러나 공산주의는 철저하게 배격했다.
나는 "만약에 독일이나 이탈리아 그리고 스페인에서 공

산주의를 적극적으로 배격하지 않았다면 서구 제국은 거의 공산주의 정권이 집권하지 않았겠나 생각한다."
그때는 스스로를 지식인이라 생각하는 거의 모든 사람들은 공산주의 사상에 대한 환상을 가지고 있었다.
그야말로 "유토피아!"
러시아에서 10월 혁명이 성공했다.
그러나 10월 혁명이후의 러시아에 대해 잘 알지 못했고 동시에 러시아 내부를 살펴볼 기회도 그리 많지 않았다.
유럽의 지식인들도 그래서 한동안 꿈꾸듯 공산주의 이상국가로 변화시켜야 한다고 생각했는지 모르겠다.
케임브리지 대학출신의 지식인들이 2차 대전 이후에도 계속 쏘련의 간첩으로 활약한 것도 그런 경우가 아닐까?
미국의 매카시 상원의원이 왜 그리도 집요하게 공산주의자를 색출해 박멸하자고 주장했는지 이제는 이해가 된다.
우리사회의 진보주의자임을 자처하는 사람들도 아직까지 그 미몽에서 깨어나지 못한 것은 아닐까 싶다.
또 어떤 사람을 보면 히틀러 당시의 괴벨스를 보는 것 같은 착각을 일으키기도 한다.

선전과 선동의 귀재...

일반인들은 잘 모르는 좌파 지식인들이 쓴 책 몇 권 읽었다고 진보주의로 포장해서 좌파적인 행위를 하는 것은 아닐까?

우와 좌 그리고 보수주의와 진보주의로 구별하기 시작한 것이 별로 오래되지 않았다.

그런 사상도 서양에서 발생하였지 동양에서는 애초부터 보수와 진보의 구분이 없었다.

(실생활에는 지배계급과 피지배계급은 있었다.

그러나 내가 말하는 것은 학문적인 구별은 없었다는 걸 말 한다)

사회주의적인 지식을 조금 접했다고 혹세무민하거나 과대포장하려 해서 안 되는 것이다.

이제는 이분법적인 사고에서 틀에서 벗어나 우리나라 뿐 아니라 세상전체를 보고 판단하려는 여유를 가져야 하지 않을까 싶다.

다른 사람들이 들어보지 못했을 것 같은 약간의 지식을

습득했다고 허세를 부리는 것도 이제 그만 할 때가 되지 않았을까 싶다.

일반적인 일들을 특수하게 그리고 특수한 경우를 일반화시키는 그런 능력을 좀 더 보편타당성이 있게 국정운영에 도움이 되도록 활용하면 좋지 않을까?

어느 한 진보주의 학자가 책임져야 할 자리에 있지 않았을 때 정의와 공정을 말하면서 내뱉었던 말과 글 때문에 굴욕적인 처지에 빠지는 것을 보며 공 안 들고 돈 안 든다고 쉽게 다른 사람을 평가해서는 안 된다는 교훈을 얻어야 한다.

우리나라에는 자신이 뱉은 말과 행동에 대해 책임지려는 지식인들의 책임의식이 너무 부족하다.

7
우리가 꼭 해야 할 일들

[법률 재정비]

우리나라 법률 체계가 대륙식과 영미식이 혼재되어있다는 것을 모르는 사람은 없을 것이다.
대륙식과 영미식이 혼재되어 있다는 것은 우리 법률이 척추측만증에 걸려있다고 말할 수 있다.
법률이야말로 국민들의 안위와 안녕을 위한 기초가 되는

것인데 현재 우리법률은 일제 강점기에 사용되었던 법률을 일부 우리식으로 표현한 것에 불과한 것 같다.

이제는 기존의 모든 법률을 재정비하여 상충되거나 또는 빈틈이 있는 부분은 메워야 한다.

시대에 맞지 않는 법률은 폐기하고 필요 없는 법률조항은 삭제하여 실질적인 규제혁파가 가능하도록 해야 한다.

단도직입적으로 말하면 법률체계를 공무원들이나 이해관계자가 자의로 해석해서 불필요한 시간과 경비를 발생시키는 POSITIVE 시스템에서 NEGATIVE 시스템으로 확 바뀌어야 한다는 것이다.

그리고 법률제정을 국회에만 맡기지 말고 전문가들을 포함한 전 국민의 참여를 통한 법률제정 내지는 개정작업이 필수적이다.

[학교 교육 개혁]

우리 교육은 말로는 전인교육, 평생교육을 외치지만 실

제로는 입시위주의 학습뿐임을 부정할 수 있는 사람은 그리 많지 않을 것이다.

사회는 제조업을 중심으로 하는 고도산업사회에서 4차 산업시대로 돌입했는데 아직까지 농경사회의 교육방식에서 틀을 벗어나지 못하고 있다.

아차! 하는 순간 경제나 과학 등 모든 분야에서 나락으로 떨어질 수밖에 없는 절체절명의 위기 순간임을 인식하고 인정해서 완전히 새로운 교육체제를 확립하지 않으면 안 된다.

[공무원 교육]

지금처럼 한번 공무원이면 영원한 공무원이라는 말이 떠돌아서는 안 된다.

공무원 교육원이나 교육 공무원교육원 그리고 각 군의 대학과 국방대학원 등의 시설이나 체제가 갖추어지지 않은 것이 아니다.

그러나 교육내용과 질을 어떻게 하면 효과적이고 효율적으로 운영할 것인가는 서로 머리를 맞대고 깊이 있게 의논하여야 한다.

예를 들면 교육공무원의 경우 외국어교육을 위해 원어민 교사를 투입해야 한다는 고정관념에만 빠져있지 말고 현직교사들 중 외국어를 배운 사람들에게 회화교육을 시켜 교육현장에 투입하면 훨씬 효과적이고 지속적일 것이라 생각한다.

일반직 공무원의 경우도 지속적인 교육을 통해 변화되는 사회에 대한 인식도 깊이 하고 적응력도 키워줄 수 있는 방안을 찾아야 하는 것은 아닐까 싶다

항상 새로운 지식을 습득하고 새로운 경험을 할 수 있게 기회를 마련해줘야 한다.

나는 공산주의가 싫다.

공산주의 사상은 싫지만 중국 공산당의 당교와 같은 교육기관(상당 기간 동안 집중적으로 그리고 지속적으로 교육받을 수 있는)은 필요하다고 생각한다.

[자녀 교육]

어른들이 자녀들을 바라보는 시각이 바뀌어야 한다.
동양식 교육이나 서양식 교육 중에 어느 하나가 옳고 그름을 말하려는 것이 아니다.
그러나 현실적인 모든 상황은 거의 모든 분야의 사고방식이 이미 서양식으로 바뀌었다.
그런데 유독 자녀 교육방식은 동양식 교육을 고집하고 있다.
예전에는 자식을 부모가 가르치거나 끌어주지 않으면 안 되는 것으로 알고 살았다.
또 자식은 부모를 봉양할 의무가 있는 것으로 알았다.
그러나 지금 이 시대에는 각자도생을 하지 않으면 안 되는 형편이다.
(특수한 일부 경우는 제외하고)
우리가 같은 시간에 같은 장소에서 생활하고 있다고 해도 각자가 앞으로 살아가야 할 세상은 같지 않다.
부모들의 삶의 방식대로 살 수 없는 세상으로 이미 변해

버렸다.

기성세대가 배운 지식과 경험대로 살라고 강요해서도 안 된다.

"부모의 자식에 대한 사랑은 끝이 없다."

"아무리 나이가 들어도 자식은 자식이다."

"자식 이기는 부모 없다."

버려야 할 것들이다.

공자 가르침의 진수인 삼강오륜(三綱五倫)은 이제 폐기할 때가 되었다.

성리학(性理學)의 틀을 깰 때도 되었다.

살면서 한 번도 성공한 삶을 살지 못한 공자(孔子)의 가르침을 배우고 따라 무엇을 쟁취할 수 있겠는가?

부모에게 효도(孝道)해라!

나를 이 세상에 낳아준 귀한 분들이다.

어찌 한 치라도 소홀하게 대할 수 있으리요.

자식도 한없이 사랑해라!

그냥 한없이 사랑해라!

형식과 격식에 따른 이름만의 효도가 아니라 마음에서

우러나오는 진정한 효(孝)를 말하는 것이다.

요즈음도 소위 집안 좋은 자식들 중에 한 사람은 스스로 검찰에 출두해 구속 수감해줄 것을 요청했고 다른 한 사람은 어찌 되었건 아버지는 국정운영에 노심초사하고 있는 중에 음주운전으로 체포되었다는 소식이 들린다.

또 어떤 사람은 자식의 의지와는 전혀 관계없이 부모가 생각했을 때 좋을 것이라고 판단한 길로 이끌어주겠노라 갖은 술수를 부렸지만 뜻대로 되지 않아 자신은 물론 자식을 포함한 모든 가족들이 곤욕을 치르고 있는 모습을 보고 우리가 깨달아야 할 점은 무엇인지 깊이 고민해야 할 때가 되었다고 생각한다.

"오냐 오냐" 하며 키운 자식은 할아버지 상투를 잡는다 했다.

"예쁜 자식 매 한 대 더 때리라!" 했는데 귀하게 키운다고 갖은 수고를 아끼지 않은 자식들이 일탈해서 큰 곤욕을 치르는 모습을 보아야 하는 부모들의 현재 심경은 어떨까?

[확고한 삼권분립의 정립]

프랑스의 몽테스키외가 삼권분립 사상을 주창했다.
미국의 독립으로 삼권분립 체제가 완성되었다 해도 과언이 아닐 것이다.
미국은 아주 특수한 경우다.
광활한 신천지에 소위 보수라 말할 수 있는 기득권 세력도 존재하지 않았다.
기득권 세력도 존재하지 않았지만 누구에게나 기회가 열려있는 기회의 땅 이었다.
미국 건국의 아버지라는 분들이 개인적인 이익이나 사상에 빠지지 않았다.
새 땅에 새로운 제도로 새로운 나라를 세우려는 굳건한 의지를 가졌었다.
우리나라는 비록 나라는 망했지만 엄연한 기득권 세력이 존재했다.
일본의 식민 지배를 거치면서 일본의 영향을 많이 받았다.

여러분도 알다시피 일본은 공자의 가르침도 일본의 실정에 맞게 변형해 실시했다.

보고 듣고 배운 것 모두가 일본식이니 행정이나 교육, 사법 등 모두가 일본식으로 시행되었다.

일본은 전형적인 계급 사회다.

그러니 배우지 말아야 할 일본식 사고방식과 태도도 우리 몸과 마음에 깊이 많이 배어있다.

이런 사고방식과 태도들이 사회에 엄청난 문제를 야기시켰다.

다만, 우리가 느끼지 못하고 있을 뿐이다.

아무리 제도를 확실하게 구축한다 해도 그 제도를 운용하는 것은 사람이다.

인성이 담보되지 않은 사람에게 직무를 맡기면 어떤 제도도 제 역할을 옳게 하지 못 한다.

삼권분립은 확실히 확립되어야 한다.

The world is of the people, by the people & for the people...

제도를 확고하게 구축하려면 먼저 인성이 갖추어진 인재

를 육성하는 것이 급선무다.
사람이 먼저다!

[말과 글]

말과 글은 우리가 살아가는데 꼭 필요한 의사소통수단이다.
그러나 불행하게도 말이니 글이 우리 인간들이 생각하고 행동하는 것을 모두 표현하는 데는 분명히 한계를 지닌다.
한계가 있다 해서 말과 글을 사용하지 않을 수도 없다.
그러므로 우리는 말 한 마디 글 한자를 사용할 때도 극히 정제된 언어를 사용해야 한다.
극히 주의해서 사용하고 적재적소에 합당한 언어를 구사하려면 어휘력이 풍부해야 한다.
어휘를 풍부하게 확보하지 못하면 세세한 부분이나 미묘한 부분을 설명하고자 할 때 매우 큰 어려움을 겪는다.

대화중에나 문장을 읽을 때, 단어 하나를 알지 못하면 전체적인 맥락을 놓치는 경우가 비일비재하다.
말과 글을 제대로 배워서 숨어있을 수 있는 깊은 뜻을 알고 사용하자.

8
결론은?

하고 싶은 말도 많고 해야 할 말도 많지만 국가 대계를 말하면서 가볍게 다루거나 졸속으로 다룰 수 있는 문제가 아니므로 문제제기에만 그치려한다.

기회가 되면 각 분야의 전문가들과 가감없는 토론과 토의를 거친 후에 치밀한 계획을 내놓아야 한다고 생각한다.

나라가 침몰 직전의 선박과 같은 긴박한 상황이다.

우리 다 같이 합심하여 대한민국호를 구하자.

우리가 지금은 비록 힘들고 고달픈 처지에 처해 있지만 우리나라는 멀지 않은 장래에 모든 나라가 부러워할 만큼 우뚝 선 나라가 될 것이다.
불과 몇 십 년 전만해도 산은 벌거벗었고 조금만 비가 많이 오거나 작은 가뭄이 들어도 우리의 논과 밭은 물에 잠겨 흉작이 들었다고 걱정했었다.
논과 밭이 거북이 등딱지처럼 쩍쩍 벌어져 당장의 끼니 걱정을 하지 않을 수 없는 형편 이었다.
한겨울에는 신문지상에 매일 아사(餓死), 동사(凍死), 연탄가스 중독사(中毒死)와 배고픔을 이기지 못해 쓰레기통에 버려진 복어 내장을 주워서 삶아먹다 복어독에 중독되어 전 가족이 한꺼번에 죽었다는 등의 기사가 거의 매일 실렸다.
일제 식민지배 당시에 자행된 악랄한 수탈과 동족상잔의 6.25 사변을 겪어 온 국토가 초토화되었던 그 땅에서 우리는 불사조처럼 우뚝 일어섰다.

세계역사상 유래 없이 단시간 내에 기적과도 같은 물질적 성과를 올렸다.

교육, 과학, 산업 그리고 스포츠와 예술 분야에서도 타의 추종을 불허할만한 대단한 발전을 이루었다.

다만 아쉬운 점은 물질적으로는 분명히 여유롭게 산다고 하겠지만 정신적으로는 오히려 퇴보하지 않았나 하는 점이다.

우리나라가 중진국의 함정에 빠진 것은 아닌지 우려하는 사람들도 많다.

그런 우려를 할 시간에 다시 한 번 더 허리끈을 졸라매고 앞으로, 앞으로 나아가야 할 시점이다

우리 스스로 한 번도 경험하지 못했던 상황이 벌어졌으니 일종의 성장통을 앓는다고 생각하면 위안이 될지 모르겠다.

우리나라는 전 세계에서 보기 드물게 세계 4대 강국이라는 미국, 숭국, 일본 그리고 리시이를 옆에 두고 있다.

주변 강국과 얼마나 긴밀한 관계를 유지하느냐가 매우 중요하다.

내가 생각하기에 몇몇 나라는 우리가 표본으로 삼아 배워야 할 것 같다.

* 복잡하게 얽히고설킨 유럽의 중앙에서 영세 중립국으로 경제성장과 복지 두 마리 토끼를 다 잡은 스위스
* 아랍제국의 변방에 자리하면서도 누구한테도 꿀리지 않는 당당한 모습으로 자리매김하고 있는 이스라엘
* 비록 국토는 협소하고 인구는 많지 않지만 개방된 사고로 무장해서 한 때는 세계최강으로 군림했던 네덜란드
* 그리고 마지막으로 이민족으로부터 침입을 당하지 않으려고 끊임없이 연구, 개발하는 자세를 견지하고 있는 **스웨덴**

새로운 정신으로 무장하자
그래서 앞으로 펼쳐질 새로운 세계 역사의 주역이 되자!